甲陵高等学校

〈収録内容〉

2024 年度 ……………………………… 前　期（数・英・国）

※国語の大問3は、問題に使用された作品の著作権者が二次使用の許可を出していないため、問題の一部を掲載しておりません。

2023 年度 ……………………………… 前　期（数・英・国）

2022 年度 ……………………………… 前　期（数・英・国）

便利な DL コンテンツは右の QR コードから

解答用紙

非対応 リスニング

⇒

※データのダウンロードは 2025 年 3 月末日まで。

※データへのアクセスには、右記のパスワードの入力が必要となります。 ⇒ 531218

〈合格最低点〉

※学校からの合格最低点の発表はありません。

本書の特長

実戦力がつく入試過去問題集

- ▶ 問題 …………… 実際の入試問題を見やすく再編集。
- ▶ 解答用紙 …… 実戦対応仕様で収録。
- ▶ 解答解説 …… 詳しくわかりやすい解説には、難易度の目安がわかる「基本・重要・やや難」の分類マーク（下記参照）。各科末尾には合格へと導く「ワンポイントアドバイス」を配置。採点に便利な配点つき。

入試に役立つ分類マーク

基本 確実な得点源！
受験生の 90％以上が正解できるような基礎的、かつ平易な問題。
何度もくり返して学習し、ケアレスミスも防げるようにしておこう。

重要 受験生なら何としても正解したい！
入試では典型的な問題で、長年にわたり、多くの学校でよく出題される問題。
各単元の内容理解を深めるのにも役立てよう。

やや難 これが解ければ合格に近づく！
受験生にとっては、かなり手ごたえのある問題。
合格者の正解率が低い場合もあるので、あきらめずにじっくりと取り組んでみよう。

合格への対策、実力錬成のための内容が充実

- ▶ 各科目の出題傾向の分析、合否を分けた問題の確認で、入試対策を強化！
- ▶ その他、学校紹介、過去問の効果的な使い方など、学習意欲を高める要素が満載！

解答用紙ダウンロード 解答用紙はプリントアウトしてご利用いただけます。弊社ＨＰの商品詳細ページよりダウンロードしてください。トビラのＱＲコードからアクセス可。

UD FONT 見やすく読みまちがえにくいユニバーサルデザインフォントを採用しています。

北杜市立 甲陵高等学校

▶交通　ＪＲ中央本線長坂駅下車　徒歩 15 分

〒408-0021　山梨県北杜市長坂町長坂上条 2003
☎　0551-32-3050
URL　http://koryo.main.jp/hs/
E-mail　koryo@yamanashi-koryo-h.ed.jp

沿　革

甲陵高校は，北杜市が設置・運営する公立高校である。

昭和 32 年　開校
昭和 43 年　設置者が長坂町外三町村高等学校組合へ移管され，公立高校となる。
昭和 57 年　校名を「甲陵」高校と変更する。
昭和 60 年　特別進学コース（＝特進コース）を設置する。
平成　8 年　創立 40 周年記念式典を挙行。
平成　9 年　講座選択制を導入する。
平成 10 年　単位制を導入する。
平成 16 年　甲陵中学校を併設し，中高一貫教育を始める。
平成 18 年　市町村合併にともない，「北杜市立甲陵高校」に改称となる。
平成 18 年　創立 50 周年記念式典を挙行。
平成 24 年　スーパーサイエンスハイスクールの指定を受ける。
平成 28 年　創立 60 周年記念式典を挙行。
平成 29 年　スーパーサイエンスハイスクール２期目の指定を受ける。
令和　4 年　スーパーサイエンスハイスクール３期目の指定を受ける。

校　訓

立志躬行

教育目標

たくましく，正しく，美しい人生の創造者を育成する。

教育方針

●自由な校風

様々な教育活動を通して豊かな感性と高い徳性を培い，知性の輝きに満ちた伸びやかな学校生活を送ることを目標とする。

●スケールの大きな人間の育成

生徒が将来それぞれの個性を発揮して自己実現を図り，社会に貢献できる人間になれるよう，国際交流・協力を中心とした諸活動を積極的に推進する。

国際交流

本校の設置者である山梨県北杜市は，35年にわたりケンタッキー州マディソン郡との姉妹地域交流を行っています。交流の一環として，本校とイースタンケンタッキー大学附属モデルラボラトリー高校は姉妹校交流を行っています。３月に本校の希望者がアメリカを訪れ，短期間のホームステイをしながらモデルラボラトリー高校に通います。10月には相手校の生徒が同様に本校を訪れて，交流活動を行います。

教育システムの特色

●**単位制**…３年間で74単位以上を取得すれば卒業できる制度。

●**講座選択制**…同一科目を担当する教師の中から，自分に合った教師・学習レベルを選んで学ぶことが出来る制度。

●**90分授業**…１科目ずつじっくり時間をかけて学び，学習効果があがるようにと，２時間連続の授業を１コマとして実施する。

●**ウィークリーテスト**…学習内容を定着させると共に，弱点を早期に発見し補強するため毎週１～２科目ずつテストを行う。

●**サテラインゼミ**…代々木ゼミナールの一流講師による熱気溢れる講義を受講し，大学受験へ向け実践力を強化する。

●**SSH**…平成24年度より，文部科学省からスーパーサイエンスハイスクールに指定され，独自の学校設定カリキュラムで高度な授業を展開している（現在３期目）。

▲学園祭

制　服

●**男子**…紺色の詰め襟型学生服

●**女子**…エンブレム付き紺色ブレザー，チェック柄スカート（色自由）またはスラックス，白ブラウス（型自由）

部・同好会

体育系　野球　ハンドボール　テニス　フェンシング　弓道　バスケットボール　卓球　サッカー　バドミントン　トレーニング

文化系　科学　文芸　ユネスコ　茶道　美術　書道　合唱　吹奏楽　写真　箏曲　演劇　将棋　軽音楽　コンピュータ　かるた　数学　ラジオ

学校行事

１年次　**新入生研修会**…入学直後，学習方法を実践的に学ぶ。
SSH科学研修旅行・サイエンスキャンプ　大学見学ツアー　ボランティア研修　スキー教室

２年次　**修学旅行**…国内，国外のコースから各自が選択して参加できる。

各学年共通　学園祭　球技会　音楽祭　探究学習発表会　各種講演会等

▲修学旅行（伊勢）

▲修学旅行（グアム）

その他

学区の制限がない。したがって，全国どこからでも受験できる。

大学合格状況

主要大学　年度別合格

	令和4年度	令和5年度	令和6年度
山梨	9	11	11
信州	6	5	7
北海道	2	1	2
東北	1	2	3
東京	1	2	3
東京工業	1	1	1
一橋			1
名古屋	1	2	1
京都		2	3
大阪	2	2	1
山形	1	2	1
茨城	2	1	1
筑波	3	2	2
埼玉	1	1	2
千葉		2	2
東京外国語			1
東京学芸		1	2
東京農工			1
東京海洋			1
お茶の水女子			3

	令和4年度	令和5年度	令和6年度
電気通信		1	2
富山		2	1
金沢	2	2	2
静岡	1	3	1
浜松医科			1
神戸			1
島根			1
都留文科	3	1	3
山梨県立		1	2
公立諏訪東京理科			1
国際教養			1
福島県立医科			1
東京都立	3	3	5
横浜市立	2	1	2
岐阜薬科	1	1	1
大阪公立			2
国公立大学合計	61	81	80

	令和4年度	令和5年度	令和6年度
青山学院	4	4	3
学習院	1		1
慶應義塾	5	6	10
国際基督教	1	1	2
上智	2	1	4
中央	4	13	10
東京理科	11	13	15
法政	6	9	6
明治	9	19	13
立教	4	6	6
早稲田	6	10	9
同志社	7	2	5
立命館	2	7	11
関西	1	1	1
私立大学合計	189	220	242

◎令和6年度入試状況◎

	前期	後期
定員	48	32
志願者数	97	32
受験者数	97	32
合格者数	48	32

※併設中学校からの進学者数を含まない。

令和７年度　北杜市立甲陵高等学校　入学試験実施要項（概略版）

募集人員	普通科　１２０人	※含併設中学校からの進学内定者４０名予定 ※帰国生徒特別措置枠を別途定める
区分	前期入学試験	後期入学試験
定員	６０％	４０％
出願資格	①　令和７年３月中学校卒業見込みの者 ②　その他法令に基づく有資格者	
出願条件	・甲陵高等学校を第一志望とし、合格した場合には必ず入学の確約ができる者 ・後期入学試験を受験する生徒は、前期入学試験を受験していること	
出願書類等	①　入学志願書（本校指定の様式、甲陵高校のホームページからダウンロード可） ②　調査書（各県の様式で可） ③　受験料　　３,０００円 　※後期入学試験を**再受験する者は、入学志願書のみ再提出で可**	
出願期間及び方法　郵送受付	令和７年１月１４日(火)～１月１７日(金)	令和７年２月１４日(金)～２月１８日(火)
	①　各中学校毎一括して郵送して下さい。（最終日必着） ②　受験料は**普通為替証書**にして下さい。 　（指定受取人「住所・氏名」欄と「おところ・おなまえ」欄は無記入） ③　受験票は各中学校へ一括して郵送します。	
出願期間及び方法　窓口受付	令和７年１月１６日(木)～１月１７日(金) ９時～１７時	令和７年２月１７日(月) ～２月１８日(火) ９時～１７時
	①　各中学校毎一括して提出して下さい。 ②　受験料は**現金**でお願いします。 ③　受験票は受付当日お渡しします。	
入学試験の期日・日程及び場所	令和７年１月３０日（木）	令和７年３月５日（水）
	集合　　８時４５分 国語　　９時００分～１０時００分 数学　１０時２０分～１１時２０分 英語　１１時４０分～１２時４０分 　　　（含リスニング） 昼食　１２時４０分～１３時４０分 面接　１３時４０分～	集合　　　　８時４５分 適性検査　　９時００分～１０時００分 面接　　　１０時２０分～
	試験場・甲陵高等学校	
追試験	感染症などにより前期入試を受験できない場合には、中学校長は高校校長に申し出て両者による協議を行い、当該生徒の追試験の受験を認めることができる。追試験日程などは別途連絡する。なお、必ず医師の診断書等を提出すること。	
合格通知	令和７年２月７日（金）まで	令和７年３月１０日（月）まで
	上記の期日までに、本人及び各中学校長宛に郵送します。	
入学手続き	令和７年２月１３日（木）まで	令和７年３月１４日（金）まで
	入学料等を所定の口座に納入して下さい。所定の期日までに手続きが行われなかった場合は、合格が取り消しとなります。（最終日消印有効）	

※詳しくは「令和７年度甲陵高等学校入学試験実施要項」または本校ホームページをご参照ください。

数学

出題傾向の分析と合格への対策

●出題傾向と内容

本年度の出題数は，大問が5題，小問が18題と，問題数が減った。

本年度の出題は，[1]は式の計算，式の値，連立方程式の応用問題，角度，二乗に比例する関数の小問群，[2]は図形と関数・グラフの融合問題，[3]は空間図形の計量問題，[4]は確率，[5]は場合の数であった。応用力，思考力を試す良問ぞろいであった。

✔学習のポイント

基本をマスターしたら，図形や関数の応用問題を重点的に学習しよう。確率や統計にも応用力をつけよう。

●2025年度の予想と対策

来年度も，出題数，難易度にそれほど大きな変化はないと思われるが，多少の変化があっても柔軟に対応できるようにしておこう。問題数が多いので，できる問題から手をつけるような見極め力が必要である。

図形は，合同・相似，三平方の定理などを使いこなせるよう，いろいろな要素を含んだ応用問題に数多く取り組んでおくこと。関数とグラフの融合問題もいろいろなパターンを研究しておこう。また，立体のイメージ力も養っておく必要がある。難易度の高い問題も含まれているので，できる問題を確実に解いた上で挑戦してみよう。興味を持って問題に取りくむ姿勢が大事である。

▼年度別出題内容分類表……

出題内容			2020年	2021年	2022年	2023年	2024年
数と式		数の性質	○				
		数・式の計算	○	○	○	○	○
		因数分解					
		平方根	○	○	○	○	○
方程式・不等式		一次方程式	○	○		○	○
		二次方程式		○	○		○
		不等式					
		方程式・不等式の応用	○	○	○	○	○
関数		一次関数	○	○	○	○	○
		二乗に比例する関数	○	○	○	○	○
		比例関数		○	○		
		関数とグラフ	○	○	○	○	○
		グラフの作成					
図形	平面図形	角度	○			○	○
		合同・相似		○	○	○	
		三平方の定理		○			
		円の性質	○	○		○	
	空間図形	合同・相似	○				○
		三平方の定理	○		○	○	○
		切断	○		○		
	計量	長さ	○	○	○	○	
		面積		○	○	○	○
		体積	○		○	○	
		証明		○			
		作図					
		動点					
統計		場合の数	○		○		○
		確率	○	○	○	○	○
		統計・標本調査	○			○	
融合問題		図形と関数・グラフ	○	○	○	○	○
		図形と確率		○			
		関数・グラフと確率		○			
		その他					
その他							

甲陵高等学校

英語　出題傾向の分析と合格への対策

●出題傾向と内容

リスニング問題，語句選択問題，書き換え問題，語句補充問題，語句整序問題，長文読解問題，資料問題の出題で，大問数は5題だった。小問数では例年とほぼ同じであった。全体として中学で習う英語の総まとめのようなバランスのよい問題が出題されている。文法問題は広い範囲から語句補充・語句整序など様々な形式で出題されている。読解問題では主人公の心情をとらえることを要する問題などが出題されており，多くの問題をより速く的確に解く文法力，読解力が要求されているといえる。

学習のポイント

動詞の語形変化，名詞・代名詞，形容詞・副詞など品詞の文法問題を多くこなそう。

●2025年度の予想と対策

本年度も，出題傾向に変化はなく，リスニング問題は定着すると思われる。毎年多様な問題が出題されているので，標準的な問題集1冊をすべてやり通す必要がある。

読解問題の文章は，会話文も含めて基本的なものである。全体として問題数が多く，長文読解問題だけに時間を割くわけにいかないため，速く正確に読み取る能力が要求される。したがって，日頃から短めの文章を数多く読む練習が必要である。語句整序問題は，関係代名詞や間接疑問文，so … that ～などの代表的な構文や熟語を中心に覚えておくとよい。

▼年度別出題内容分類表 ……

	出題内容	2020年	2021年	2022年	2023年	2024年
話し方・聞き方	単語の発音					
	アクセント					
	くぎり・強勢・抑揚					
	聞き取り・書き取り	○	○	○	○	○
語い	単語・熟語・慣用句					
	同意語・反意語					
	同音異義語					
読解	英文和訳(記述・選択)					
	内容吟味	○	○	○	○	○
	要旨把握					
	語句解釈					
	語句補充・選択	○	○	○	○	○
	段落・文整序	○	○	○		○
	指示語					
	会話文	○	○			
文法・作文	和文英訳					
	語句補充・選択	○	○	○	○	○
	語句整序	○	○	○	○	○
	正誤問題					
	言い換え・書き換え	○	○	○	○	○
	英問英答					
	自由・条件英作文					
文法事項	間接疑問文	○	○			○
	進行形					○
	助動詞	○	○	○		
	付加疑問文					
	感嘆文					
	不定詞	○	○	○	○	○
	分詞・動名詞	○	○	○	○	○
	比較	○	○	○	○	○
	受動態		○	○	○	
	現在完了		○	○		○
	前置詞		○	○		
	接続詞	○	○		○	
	関係代名詞	○	○	○		○

甲陵高等学校

国語

出題傾向の分析と合格への対策

●出題傾向と内容

本年度も，漢字の読み書きの独立問題が2題，論説文と小説の読解問題が各1題，古文の読解問題が1題の計5題の大問構成であった。

論説文の読解問題では，文脈把握を中心にして，生徒会話も交えて筆者の主張を的確に読み取る力が試される内容であった。

小説は，心情を問う設問が中心であったが，人物像や人物の考え，表現の意味も含めた丁寧で細やかな読み取りが要求された。

古文の読解問題は，『古今著聞集』からの出題で，基本的な古文の読解力が問われた。現代文は長文なので，時間配分には気をつけたい。

✔学習のポイント

ボリュームのある読解問題に慣れておこう。あらゆるジャンルの文章にあたり，話題に関する予備知識を身につけよう！

●2025年度の予想と対策

今後も，本年のような構成で，国語の総合力を問う傾向は続くのではないかと思われる。

論説文の読解問題では，文脈や語句の対応関係をつかんで，筆者の主張を読み取ることが必要。少々長めのコラムなどを目にする習慣をつけておきたい。

小説は，大正・昭和前半の名作からの出題も見られるので，やや古い時代の言い回しにも慣れておくとよいだろう。

古文では，代表的な話はおさえておきたい。また，『御伽草子』『古今著聞集』などの短編物語や説話集にも目を配っておこう。

▼年度別出題内容分類表……

出題内容			2020年	2021年	2022年	2023年	2024年
内容の分類	読解	主題・表題		○	○	○	
		大意・要旨	○	○	○	○	○
		情景・心情	○	○	○	○	○
		内容吟味	○	○	○	○	○
		文脈把握	○	○	○	○	○
		段落・文章構成		○			
		指示語の問題	○	○	○		○
		接続語の問題	○	○	○	○	
		脱文・脱語補充		○	○	○	○
	漢字・語句	漢字の読み書き	○	○	○	○	○
		筆順・画数・部首					
		語句の意味	○	○	○		○
		同義語・対義語					
		熟語					○
		ことわざ・慣用句			○		○
	表現	短文作成					
		作文(自由・課題)					
		その他					
	文法	文と文節					
		品詞・用法		○			
		仮名遣い					
		敬語・その他					
	古文の口語訳		○	○	○	○	○
	表現技法						○
	文学史						
問題文の種類	散文	論説文・説明文	○	○	○	○	○
		記録文・報告文					
		小説・物語・伝記	○	○	○	○	○
		随筆・紀行・日記					
	韻文	詩					
		和歌(短歌)					
		俳句・川柳					
	古文		○	○	○	○	○
	漢文・漢詩						

甲陵高等学校

2024年度 合否の鍵はこの問題だ!!

数学 2

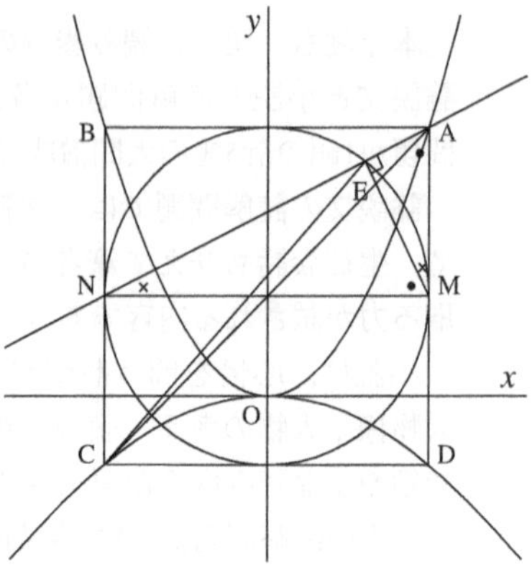

問(1)　点Aのx座標をaとすると，A$(a,\ 2a^2)$，B$(-a,\ 2a^2)$，D$\left(a,\ -\frac{1}{2}a^2\right)$　AB$=a-(-a)=2a$，AD$=2a^2-\left(-\frac{1}{2}a^2\right)=\frac{5}{2}a^2$　AB＝ADのとき，四角形ABCDは正方形になる。よって，$2a=\frac{5}{2}a^2$，$4a=5a^2$，$a\neq0$から，$5a=4$，$a=\frac{4}{5}$　$2\times\left(\frac{4}{5}\right)^2=\frac{32}{25}$　よって，A$\left(\frac{4}{5},\ \frac{32}{25}\right)$

問(2)　AM：NM＝1：2　NMは円の直径だから，∠NEM＝90°　よって，∠AEM＝90°　2組の角が等しいことから，△AME∽△ANM　よって，AE：EM＝AM：MN＝1：2　2組の角が等しいことから，△MNE∽△AME　よって，EN：EM＝EM：EA＝2：1　したがって，AE：EN＝1：2×2＝1：4

問(3)　AE：AN＝1：5，NC$=\frac{4}{5}$，AB$=\frac{4}{5}\times2=\frac{8}{5}$から，△AEC$=\frac{1}{5}$△ANC$=\frac{1}{5}\times\frac{1}{2}\times\frac{4}{5}\times\frac{8}{5}=\frac{16}{125}$

◎問(3)は，△ANCをもとにして△AECの面積を求めることがポイントである。問(2)で，AE：ENを求めていることが問(3)のヒントになっていることに気づこう。

英語 5

5の長文問題は，一番長い英文が使われたものであり，このテストの最後に置かれているので，十分な時間を確保できなかった人たちがいただろうと思われる。その前にも長文を用いた問題が二つあるので，時間配分には十分注意したい。ひとつの方法としてこの問題から始めるのもよい。テストの初めにある問題は短いものが多いので，時間が不足しても処理できる可能性が高いからである。

この長文は比較的短い英文を積み重ねて書かれているので，読み取るのはそれほど難しくない。また，使われている語彙や文法も基礎的なものになっているので，困ることはないだろう。しかし，語彙や文法において弱い部分がある人は十分よく勉強して，苦手な分野がないように心がけねばならない。

設問を見ると，語彙の知識を確かめるものと，長文の内容を確かめるものからできている。よって，まずは語彙力をなるべく増やしておくようにするとよい。その上で同程度の量の英文を多く読む練習をしておくべきである。比較的基礎的なレベルのものでかまわないので，より速くより正確に読みこなす練習をすることが望ましい。

国語 4 問二

★ なぜこの問題が合否を分けたのか

心情を丁寧に読み取る力が試される設問である。文章を精読し，「僕」の置かれた状況も考えて解答しよう！

★ こう答えると「合格できない」！

直後の段落に「僕は思い切って地域のサッカークラブに参加してみた。ヒマな佐藤に誘われるままプールにも通った。近隣のお祭りと花火大会は網羅したし，佐藤の思いつきによって十五キロ先の海水浴場まで自転車で行ったし，宿題はどんどんたまっていった」とあることから，「夏休み中は周囲に合わせて行動し，一緒に楽しい時間を過ごせるように努力しようと決意した」とするエを選ばないようにしよう。エは「悪口を言われてしまった自分を反省して」という部分が合致しない。悪口を言われた自分を反省する，という表現は本文にない。「見えない皮膚をまとう」という表現に着目して考えよう！

★ これで「合格」！

「みんなと同じ色をした，見えない皮膚をまとう」という表現から，自分の好みとは関係なく周囲に合わせよう，みんなと同じふりをしよう，という思いを読み取って，「自分の好みではなくても他の人と同じような行動を取ろうと決意した」とするウを選ぼう！

MEMO

大切なことはメモしておこうネ！

2024年度

★★★★★★★★★★★★★★★★★★★★★★★★

入　試　問　題

2024年度

甲陵高等学校入試問題（前期）

【数　学】（60分）　＜満点：100点＞

【注意】 答えに根号が含まれるときは，根号をつけたままで表しなさい。
また，円周率はπで表しなさい。

1 次の各問に答えなさい。

問(1)　$24a^3b^2 \div \left(\dfrac{a^2}{3b}\right) \times \left(-\dfrac{1}{2b}\right)^3$を計算しなさい。

問(2)　$x=-1+\sqrt{3}$，$y=-1-\sqrt{3}$のとき，$x^2-3xy+y^2$の値を求めなさい。

問(3)　本Aを１日に２ページのペースで，本Bを１日に３ページのペースで読み進めたところ，180日間で合計500ページ読むことができた。１日に読む本はAとBのどちらか１冊であるとき，本A，Bを読んだ日数をそれぞれ求めなさい。

問(4)　下の図において，$\angle x$と$\angle y$の大きさを求めなさい。

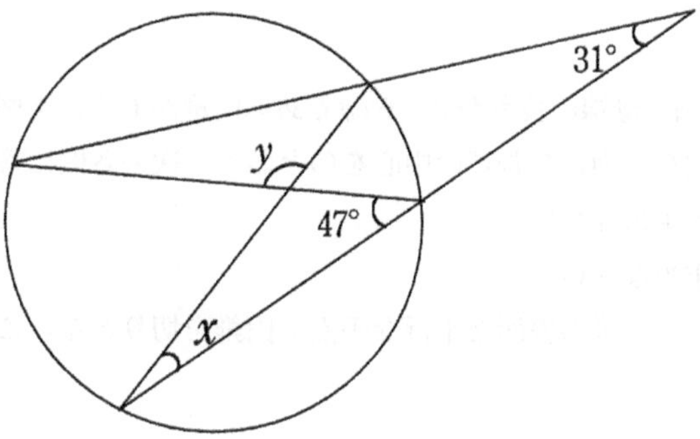

問(5)　関数$y=ax^2$のグラフ上の２点A，Bは，x座標がそれぞれ－２，４である。直線ABの傾きが１であるとき，aの値を求めなさい。

2 図（次のページ）のように，関数$y=2x^2$のグラフ上の２点A，Bと，関数$y=-\dfrac{1}{2}x^2$のグラフ上の２点C，Dを，四角形ABCDが正方形になるようにとる。さらに，線分AD，BCの中点をそれぞれM，Nとし，線分MNを直径とする円と直線ANの交点のうち，NでないものをEとする。次の各問に答えなさい。

問(1)　点Aの座標を求めなさい。

問(2)　AE：EMとAE：ENをそれぞれ求めなさい。

問(3)　△AECの面積を求めなさい。

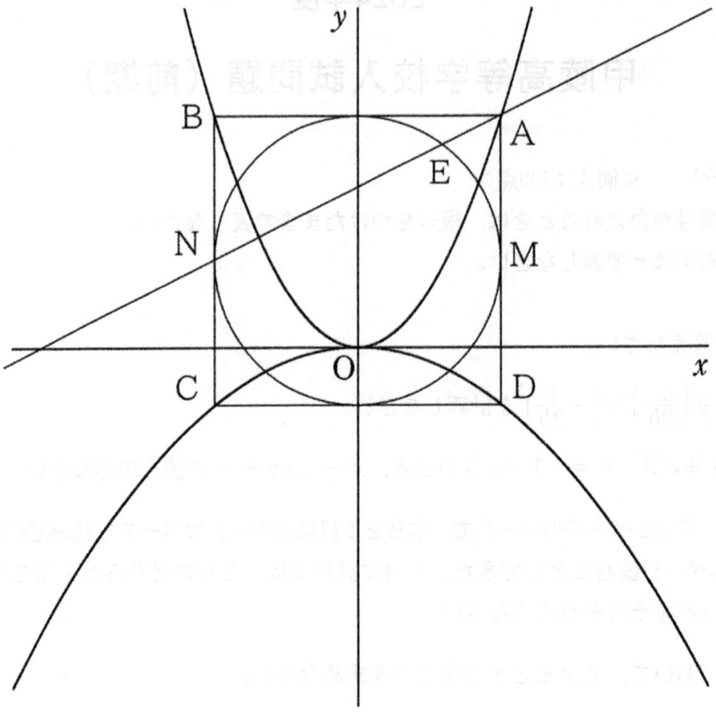

3 底面の円の半径が３㎝，母線の長さが$3\sqrt{5}$㎝である円錐がある。下図のように，この円錐の頂点および底面の円の円周を表面に含む球の中心をOとおく。次の各問に答えなさい。

問⑴　この円錐の高さを求めなさい。

問⑵　この球の半径を求めなさい。

問⑶　球の中心Oを通り，円錐の底面と平行な平面で円錐を切りとる。このとき，切り取ってできる断面の面積を求めなさい。

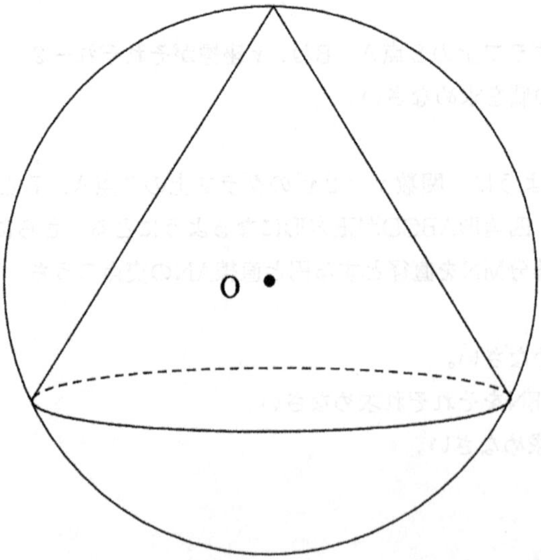

4　大小２つのさいころを投げて，大きいさいころの出た目の数を a，小さいさいころの出た目の数を b とする。次の各問に答えなさい。

問⑴　１次方程式 $ax+b=0$ が整数の解をもつ確率を求めなさい。

問⑵　２次方程式 $x^2+ax+6=0$ が整数の解をもつときの a の値をすべて求めなさい。

問⑶　２次方程式 $x^2+ax+b=0$ が整数の解をもつ確率を求めなさい。

5　縦２㎝，横１㎝の長方形のタイルＡが10枚，縦２㎝，横２㎝の正方形のタイルＢが５枚ある。図１のような縦２㎝，横10㎝のくぼみに，これらのタイルを左から敷き詰める。ただし，これらのタイルは大きさ以外では見分けがつかないものとし，使わないタイルがあってもよく，タイルＡは縦の向き（下図）のまま使用するものとする。次の各問に答えなさい。

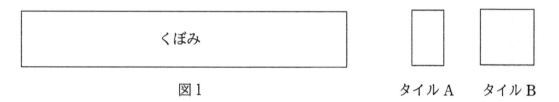

図１

タイルＡ

タイルＢ

問⑴　このくぼみすべてを９枚のタイルで敷き詰めた。

　①　タイルＡを何枚使用したかを求めなさい。

　②　タイルの敷き詰め方は何通りあるかを求めなさい。

問⑵　くぼみの左からちょうど３㎝のところまでを敷き詰める敷き詰め方は何通りあるかを求めなさい。

問⑶　くぼみの左からちょうど４㎝のところまでを敷き詰めるには，左から３㎝のところまでタイルを敷き詰めた後にタイルＡを置くか，左から２㎝のところまでタイルを敷き詰めた後にタイルＢを置くかのどちらかである。この考えをもとに，左からちょうど４㎝までを敷き詰める敷き詰め方は何通りあるかを求めなさい。

問⑷　このくぼみすべてを敷き詰める敷き詰め方は何通りあるかを求めなさい。

【英　語】（60分）　＜満点：100点＞
【注意】 答えを英語で書くときは，ブロック体でも，筆記体でもかまいません。

1　次の各設問に答えなさい。
問1　これから放送される会話を聞き，それに続く応答として最も適切なものを一つ選び，数字で答えなさい。会話と選択肢はそれぞれ1回だけ放送されます。
(1)
1
2
3
(2)
1
2
3
(3)
1
2
3
(4)
1
2
3
問2　これから放送される夫婦の会話を聞き，その内容に関する各設問の答えとして最も適切なものを選択肢から選び，記号で答えなさい。会話は2回放送されます。
(1) What is the problem for Mary and Jack?
ア They don't have anything to eat in the park.
イ Jack is too tired to spend time outside.
ウ The park is too far from their house.
エ They cannot relax in the first park.
(2) Which is true about the park near the library?
ア It's full of nature.
イ It's very crowded.
ウ It's Jack's favorite.
エ It's too far to visit.
(3) What will Mary and Jack do after this conversation?
ア Open a bottle of wine.
イ Walk to the park near library.
ウ Take a bus.
エ Go home and relax.

問3　これから放送される講義を聞き，その内容に関する各英文の下線部に入る最も適切なものを選択肢から選び，記号で答えなさい。音声は２回放送されます。

⑴ The speaker is trying to say that ____________________.

ア making friends in your own country is very easy

イ making friends is the only way to enjoy your trip

ウ the speaker's advice may be too difficult for some people

エ you can make friends abroad if you follow his advice

⑵ You should join a local event if you want to ____________________.

ア learn the local language

イ visit sightseeing spots

ウ meet local people

エ eat local food

⑶ Social media is helpful ____________________.

ア but you will never make local friends

イ because you can find local events

ウ but you should be careful when you use it

エ because you may find a new friend online

問4　これから以下の英文が音声で放送されます。[⑴] ～ [⑶] に聞き取った語句を書きなさい。空欄に入るのはそれぞれ３～４語です。音声は３回放送されます。

Reading is important for children. By reading books, they [⑴] different people, places, and events. Books can take them anywhere. Reading [⑵] them understand how other people feel. People [⑶] when they were young are able to communicate with others better.

※リスニングテストの放送台本は非公表です。

[2] 次の各設問に答えなさい。

問1　英文の（　）に入る最も適切なものを選択肢から選び，記号で答えなさい。

⑴ I (　　) a bath when there was a big earthquake

ア am taking　　イ am going to take

ウ took　　エ was taking

⑵ Though Nana bought a book which was very popular in her school, she (　　) it.

ア finish ed to read　　イ finished reading

ウ couldn't finish to read　　エ couldn't finish reading

⑶ The news about the train accident (　　).

ア that surprised　　イ was surprising

ウ surprises　　エ was surprised

⑷ Emily is still 15 years old, so her father didn't (　　) abroad.

ア let study her　　イ let her study

ウ let to study her　　エ let her to study

問2 次の各組の文がほぼ同じ意味になるように____に入る語を１語ずつ書きなさい。

(1) a）Tom started to play the piano at 7:00 am. It s already noon, but he is still playing it.
b）Tom _____ _____ playing the piano _____ five hours.

(2) a）He arrived at the concert hall too late to see his favorite musician.
b）He arrived at the concert hall _____ late that he _____ see his favorite musician.

(3) a）No student in my class can play tennis better than Yumi.
b）Yumi _____ _____ _____ tennis _____ in my class.

問3 日本語の意味に合うように____に入る語を１語ずつ書きなさい。

(1) 何か冷たいお飲みものはいかがですか 。
Would you like _____ _____ _____ drink

(2) 答えを知っていれば教えてあげるのにな。
If I _____ the answer, I _____ tell you.

(3) 壁にかかっている絵は彼女のものです。
The painting on the wall is _____.

(4) 北杜市は天然水で有名です。
Hokuto City _____ _____ _____ natural water.

(5) スマートフォンは欲しい情報を見つけるのに役立ちます。
Smartphones _____ you _____ the information you need.

問4 次の［ ］内の語（句）を並べ替えて適切な英文を完成させ，３番目と５番目にあたる語（句）を記号で答えなさい。ただし，文頭にくる語も小文字で示してある。

例 問題 I ［ ア day / イ a cup / ウ every / エ of / オ have / カ milk ］.
並べ替え I ［ have a cup of milk every day ］.
解答 ３番目 エ ５番目 ウ

(1) Please ［ ア me / イ what / ウ will / エ you / オ time / カ tell ］ leave.

(2) ［ ア he / イ the song / ウ is / エ 20 years ago / オ wrote ］ still popular.

(3) They sent ［ ア people / イ to / ウ to / エ listening / オ the / カ the message ］ the radio.

3 次の英文を読み，各設問に答えなさい。

In 1907, a Japanese scientist named Kikunae Ikeda found something exciting. When he was having a cup of soup made from *kombu* seaweed, he found a unique taste. It was a little salty but also sweet. He didn't know how to describe the taste, but it was very good. Kikunae decided to study the taste more. He found that the special taste came from a natural *material. Through his research, Kikunae made white *powder from this natural material. He named the powder MSG. It could make food more delicious, so he decided to share it with others.

①

It became very popular and people started to use it when they cooked. The product was also sold in other countries in Asia such as Thailand, the Philippines, and Indonesia. The company also started to sell the product to many Chinese restaurants in Europe and North America.

However, in the 1960s, some people in the U.S. started to worry about the safety of MSG. They said, "MSG is a problem because it is a chemical material. It's not a natural one. If you eat too much MSG, you will have headaches and even heart problems." It was a great shock to many people in the U.S. People stopped buying it, and many restaurants there didn't use it anymore.

In the 1980s, scientists tried to find the truth. They studied the safety of MSG and showed that MSG didn't make people sick. The government also checked the safety and said that it was safe to eat. MSG is made by *fermentation, just like yogurt is made.

Now, things are changing. MSG is becoming (②) again among restaurants. Chefs started using it again to make their food more delicious. For example, a Chinese restaurant in New York called Bonnie's is using the product. The chefs say everything tastes better with MSG. They use it in most main dishes in the restaurant. As a result, the restaurant has been very popular since it opened in 2021. People enjoy the taste Kikunae found more than 100 years ago.

（注） *kombu* seaweed 昆布　material 物質　powder 粉　fermentation 発酵

問1　次の英文の___に入るものを選択肢からそれぞれ選び，記号で答えなさい。

(A) Kikunae Ikeda ____________.

ア gave up studying MSG　イ used MSG to make white powder
ウ was a scientist who produced MSG　エ cooked soup and named it MSG

(B) In the 1960s, ____________.

ア the problem of MSG was solved by some scientists
イ some Americans didn't think MSG was healthy
ウ MSG was used to stop eating too much
エ scientists tried to use MSG for sick people

(C) In the 1980s, ____________.

ア restaurants studied the safety of MSG
イ the government agreed that MSG was dangerous
ウ people found the truth because they ate MSG
エ scientists found that MSG was not a problem

問2 [①] に入るように選択肢を並べ替えなさい。

ア It succeeded in selling the product.

イ He talked about this idea with a businessman named Saburosuke.
ウ Kikunae thought selling MSG would be a good chance to make money.
エ In 1908, they started a food company named Ajinomoto.

問3 （②）に入る英語1語を同じ段落から抜き出しなさい。

4 あなたは北杜市に住む高校生です。以下のチラシを見て，各設問に答えなさい。

We Want You!!

~Hokuto Music Festival~

Hokuto Music Festival first started in 2010 and since then many young people have played on the stage. We also invite famous musicians as guest performers every year. This year, we want more high school students to play or sing at our festival. Read the information below to learn how to join. If you have any questions, please send us an email to *hokutocityfes@Qmail.com* or call *0111-11-1111*.

Date & Hours: Sunday, March 17th, 2024 / 9:00 a.m. - 5:00 p.m.
Place: Hokuto Green Park

How to join

1. Please come to the office in the city hall before February 17th.
2. At the office, please tell us your name, age, email address, telephone number and the title of the song you want to perform.
3. Please pay ¥1,000 on March 17th.

※If we need more information about your performance, we will call you between February 21st and 28th.

Notes

・You can get 20% OFF tickets for food if you are a performer at the festival. More than 20 shops will serve local food.
・You can get 1 FREE drink at the festival if you help to build the stage. If you can help, please come to the park before 9:00 a.m. on March 16th.
・Your performance should be between 5 and 10 minutes, but if you have performed at this festival before, you can perform for 15 minutes.

Special lesson for you!!

A famous guitarist *Makino Yutaka* will play at the festival as our guest performer this year. This is his first time to play in Yamanashi.
He will also give you a chance to make your performance better.
If you come to the park before 2:00 p.m. on March 16th, you can take part in his special lesson for a better performance.

Contact:
Tel 0111-11-1111
Email hokutocityfes@Qmail.com
Address 2003 Nagasaka-kamijo, Nagasaka, Hokuto city, Yamanashi

(1) Which is true about Hokuto Music Festival?

ア It needs more adults to play.

イ It started more than 10 years ago.

ウ All performers have to sing on the stage.

エ You can ask questions about it only by email.

(2) What do you have to do to be a performer at Hokuto Music Festival

ア Tell the office your home address.

イ Send an email about your information.

ウ Pay ¥1,000 on the day of the festival.

エ Call the office between February 21st and 28th.

(3) What does "Notes" tell you?

ア Every performer can buy drinks at lower prices at the festival.

イ People who build the stage get some free food on March 16th.

ウ The stage will be built early in the morning of March 17th.

エ People who have performed at this festival before can play longer.

(4) Which is true about Mr. Makino

ア He is a famous musician who will invite a guest performer.

イ He has played the guitar at this festival before.

ウ He will be on the stage only on March 16th.

エ He will teach how to improve performances.

5 次の英文を読み，各設問に答えなさい。

In a small town called Green Hill, there was a boy named Noah. He loved music and really wanted to buy a guitar to play in the school band. One day, he visited the next town and saw a beautiful red guitar in the show window of a small *hardware store. He really wanted it.

Mr. Brown was the owner of the hardware store. Noah went into the store and asked him (①) the guitar was. When he heard the answer, Noah was shocked because it was too expensive for him. "I see," said Noah and went out of the store. An hour later, when Mr. Brown looked outside, Noah was still in front of the show window. He was looking at the guitar. Mr. Brown also loved music, but he couldn't buy a guitar when he was young because he was poor. He started to feel sorry for the young man and got an idea. He went outside and said to Noah,

"I see your problem. And I have a problem, too." Noah looked at him. "The store is busy at this time of the year," Mr. Brown said. "Why don't you work here until you can get the money? I think that'll (②) both our problems." Noah was surprised but said, "I'd love to!"

He worked at the store three days a week after school. He cleaned the store, carried heavy things, and found things for customers. He was very busy with his school and work. The hardest thing for him was getting to the store. Because the store was in the next town, he had to walk 45 minutes to the store after school and 45 minutes home after work.

Walking was hard, but he was happy to get money every week. Also, he was happy to work with Mr. Brown. Noah liked him very much and learned a lot of things about business and community from him. The store was small, but it had everything customers needed. There were small things like pencils, spoons and towels, and big things like chairs, TVs, and even mountain bikes. People in the community needed and loved this store. He couldn't learn those things at school, and it was very interesting.

Mr. Brown liked Noah, too. At first, he thought he was just helping Noah. But he realized he was enjoying working with Noah. Noah worked hard and was always friendly and kind. Customers also liked him. They enjoyed talking with him and this made their shopping more fun. Soon Noah became an important part of the store.

A few months later, Mr. Brown suddenly realized that Noah already had enough money to buy the guitar. This made him sad because it meant Noah would stop working and leave the store. So, ③he didn't say anything about the red guitar.

One day, after work, Noah came to Mr. Brown and said, "Mr. Brown, thanks to you, I've got a lot of money." Mr. Brown felt very sad, but he didn't show it. "Oh, have you? Congratulations!" Mr. Brown started to walk toward the show window to get the thing Noah wanted. But then, Mr. Brown was surprised when he heard, "Mr. Brown, I want this." When he turned around, Noah was *pointing to a blue mountain bike. He looked at Noah and said, "I thought you wanted (④)."

"I did, but now I need this more."

"For what?"

"For coming here," said Noah. "I love working here with you, but this place is too (⑤), so this will help. I'd like to keep working."

Mr. Brown was very surprised and he couldn't say anything nice to him. He just said, "O.K," but he was very happy. Noah paid the money. "I'll see you tomorrow," he said and rode home on his shining blue bike. Mr. Brown kept looking at him until he couldn't see him anymore.

（注） hardware store 日用品全般を売る雑貨店　point 指をさす

問１　(①) に入る英語２語を答えなさい。

問２　(②) (⑤) に入る英語１語を それぞれ 答えなさい。

問３　下線部③の理由として最も適切なものを選択肢から選び，記号で答えなさい。

ア　Noah を驚かせようと思ったから

イ　Noah に店をやめてほしくないと思ったから

ウ　Brown さんが覚えていないと思ったから

エ　Brown さんに申し訳ないと思ったから

問４　(④) に入る最も適切なものを選択肢から選び，記号で答えなさい。

ア　a bike　　イ　a guitar　　ウ　a red one　　エ　a blue one

問５　本文の内容に一致しているものを２つ選び，記号で答えなさい。

ア　Mr. Brown gave Noah a job because he understood how Noah felt in front of the show window.

イ　Noah started to work at the hardware store after he decided to learn about business.

ウ　Because the hardware store was small, people often couldn't buy the things they needed.

エ　Customers enjoyed shopping at the hardware store more thanks to Noah.

問三　(3)かねてさとりぬる事なれば　とあるが、誰が、何をさとっていたのか。次の空欄【X】【Y】に言葉を補い、説明を完成させよ。その際、【X】は問二の選択肢ア～カの中から最も適当なものを選び、記号で答えよ。【Y】は現代語で、十字程度で答えよ。

【　X　】が、【　　　Y　　　】をさとっていた。

問四　(4)江帥の一言なからましかば、あぶなからまし　について、以下の問い①②に答えよ。

①「江帥の一言」の内容として最も適当な一文を抜き出し、始めと終わりの五字をそれぞれ答えよ。ただし、句読点を含む。

②傍線部の解釈として最も適当なものを次の中から選び、記号で答えよ。

ア　大江殿の一言があったせいで、敵の術中にはまるところだった。
イ　大江殿の一言があったというのに、危ない目に遭ってしまった。
ウ　大江殿の一言がなかったとしても、敵の術中にははまるまい。
エ　大江殿の一言がなかったら、危ない目に遭っていただろうに。

問五　本文の説明として適当なものを次の中から一つ選び、記号で答えよ。

ア　宇治殿は義家の武士としての技量を高くは評価していなかった。
イ　永保の合戦の時、武衡の兵は雁の群れが近づいたことに驚いた。
ウ　大江殿は、車に乗ろうとする義家の所にまで行って話をした。
エ　義家は、武衡軍を三方から取り囲む形で攻撃を仕掛けた。

問六　次の会話文は、この話を読んだ**生徒ア～エ**が感想を述べたものである。本文の内容と**矛盾しない感想を一つ**選び、**ア～エ**の記号で答えよ。

生徒ア　家来の機転によって義家が危機を免《まぬか》れたように、優秀な家来の存在は武士の実力の一部でもあったのだろうね。

生徒イ　他者の意見に左右されず、自身の信じた方法を貫いたことで勝利を収めた義家は武士として大きく成長したと思う。

生徒ウ　他者の手厳しい評価に対して、怒ることなく対応し相手から学ぼうとする義家の姿勢は当時も高く評価されただろうな。

生徒エ　義家が前もって考えていた作戦が功を奏したのは、その場の状況を踏まえた大江殿の適切な判断があったからこそだね。

5 次の文章を読んで、後の各問いに答えよ。

〔注1〕同じ朝臣《あそん》、十二年の合戦の後、〔注2〕宇治殿へ参りて、たたかひの間の物語申しけるを、〔注3〕匡房卿《まさふさきやう》よくよく聞きて、「器量は賢き武者なれども、なほ軍《いくさ》の道をば知らぬ」と、独りごとにいはれけるを、義家の〔注4〕郎等《ろうどう》聞きて、(1)けやけき事をのたまふ人かなと思ひたりけり。

さるほどに、〔注5〕江帥《ごうそつ》出《い》でられけるに、〔注6〕やがて義家も出でけるに、郎等、「かかる事をこそのたまひつれ」と語りければ、「〔注7〕さだめて様あらん」と言ひて、車に乗られける所へ進みよりて、会見せられけり。やがて弟子になりて、それより(2)常にまうでて学問せられけり。

その後、〔注8〕永保の合戦の時、金沢の城を攻めけるに、一行《ひとつら》の雁《がん》飛びさりて、〔注9〕刈田《かりた》の面におりんとしけるが、にはかにおどろきて、つらをみだりて飛び帰りけるを、〔注10〕将軍あやしみて、〔注11〕くつばみをおさへて、先年江帥の〔注12〕教へ給《たま》へる事あり。軍、野に伏す時は、飛雁つらをやぶる。この野にかならず敵伏したるべし。〔注13〕からめ手をまはすべきよし、下知《げち》せらるれば、手をわかちて三方をまく時、案のごとく三百余騎をかくし置きたりけり。両陣みだれあひてたたかふ事限りなし。されども(3)かねてさとりぬる事なれば、将軍のいくさ勝《かつ》に乗りて、武衡《たけひら》等がいくさ破れにけり。(4)江帥の一言なからましかば、あぶなからましとぞ言はれける。

（『古今著聞集』による）

注1　同じ朝臣→源義家のこと。この話の前の段も源義家に関する話である。
注2　宇治殿→藤原頼通のこと。
注3　匡房卿→大江匡房のこと。
注4　郎等→家来。
注5　江帥→大江匡房のこと。
注6　やがて→すぐに。
注7　さだめて様あらん→きっとわけがあろう。「ん」は、古文においては推量・意志を表す。
注8　永保の合戦→清原家衡《いえひら》と清衡《きよひら》の家督争い。「金沢の城」は、家衡方に付いていた武衡の拠点。義家は清衡方として戦っていた。
注9　刈田→刈り入れの済んだ田。
注10　将軍→源義家のこと。
注11　くつばみをおさへて→馬のくつわを押さえて。馬を止めること。
注12　教へ給へる→教えなさった。
注13　からめ手→相手の背後を攻める軍。

問一　(1)けやけき事をのたまふ人かな　の解釈として最も適当なものを次の中から選び、記号で答えよ。

ア　うれしいことを言ってくださる人であるな。
イ　聞き捨てならないことをおっしゃる人だな。
ウ　どのようなお話をなさっていたのだろうか。
エ　身の程をわきまえた物言いをなさることだ。

問二　(2)常にまうでて　とあるが、この部分を説明した次の文の空欄【X】【Y】に入る人物として適当なものを、後の**ア**～**カ**の中からそれぞれ選び、記号で答えよ。

【　X　】が【　Y　】のもとをたびたび訪問したということ。

ア　源義家　　**イ**　藤原頼通
ウ　大江匡房　　**エ**　義家の郎等
オ　武衡　　**カ**　雁

の弱さを意識させられたということ。

エ 友人のからかいを気にするあまり、人前で意見や冗談を言うことを怖《おそ》れて無難な態度で過ごしている自分とは違って、クラスメイトからの賞賛を受けて得意になっている辰美に嫌悪感を感じたということ。

問五 Ⅰ Ⅱ に当てはまる言葉として最も適当なものはどれか。それぞれ次の中から選び、記号で答えよ。

Ⅰ

ア あうんの呼吸
イ 雲泥《うんでい》の差
ウ 腹に一物
エ 昔取った杵柄《きねづか》

Ⅱ

ア 意固地な
イ 赤裸々な
ウ 生半可な
エ 無鉄砲な

問六 (5)僕の拳の叫び とあるが、この時の「僕」の心情を説明したものとして**不適当なものを一つ**次の中から選び、記号で答えよ。

ア 一度は遠ざかってしまったけれど、もう一度まっすぐな気持ちで料理と向き合って、自分の納得できるものを作ってみたいという意欲がわいている。

イ クラスメイトのからかいに屈することなく、自分の思いをはっきりと伝えた辰美の、以前と変わらず堂々と料理をする姿に安心している。

ウ 周囲の目を気にするあまり、大好きだったはずの料理からわざと遠ざかっていた自分が、曲がりなりにも嘘偽りなく料理をすることができ喜びを感じている。

エ なんとか調理実習をやり遂げることができたものの、吉村は何も言わず、百合岡さんからも声を掛けてもらえなかったことへの悔しさを抑えている。

問七 次の会話文は、本文の比喩表現について**生徒ア～エ**が話したものである。本文を踏まえた発言として**不適当なものを一つ**選び、**ア～エ**の記号で答えよ。なお、**生徒ア～エ**の発言の波線部は本文からの引用である。

生徒ア 「善人のままで育てられる黒いトゲ」という表現は、吉村の取り巻きの三人がもつ悪意を「黒い」と表現しているんだよね。

生徒イ 「砕けたガラスが舌の上にばらまかれた」という部分には、遠巻きに見ながらも辰美の反撃に嫌な痛みを感じているという「僕」の罪の意識が表現されているんだろうね。

生徒ウ 辰美のことを「グラグラ煮えたぎるマグマを内に秘めた火山」と表現しているのは、今にも爆発しそうな怒りをなんとか心の中に留めている様子がよくわかるね。

生徒エ そのあとの「とても潔い色の花」って何色なんだろうね。読者が自由に色を想像できるけれど、「僕」の気持ちがすっきりとした様子が感じられる色だよね。

たから。

イ　自分へのからかいなど笑いに変えてやろうと思ったが、普段仲良くしている友人もその中にいることがわかり、萎縮してしまったから。

ウ　友人が笑いながら自分をけなしているのを聞いて文句をつけようとしたが、けなす理由が思いも寄らないものであり、驚いてしまったから。

エ　友人の楽しそうな声を聞きつけて自分も仲間に入ろうとしたところ、自分が笑いの種とされているのだと気づき、衝撃を受けたから。

問二　(2)僕はみんなと同じ色をした、見えない皮膚をまとうことにした　とあるが、この時の「僕」の心情を説明したものとして最も適当なものを次の中から選び、記号で答えよ。

ア　陰口を言っていた友人を見返したいと思うが、これまでの自分を変えなければ同じように言われるだけだと分かっているので、まずは誰からも馬鹿にされないよう強い自分になろうと考えた。

イ　家族に気遣って友人と遊ぶことを我慢してきたが、無理に自分を抑えていると友人に距離を置かれてしまうのだと気づき、今年の夏は家族に気兼ねせずに思い切り遊んで過ごそうと考えた。

ウ　自分の興味の対象が他の人と違うことについて友人達が陰口を言っているのを聞いてしまったことをきっかけに、自分の好みではなくても他の人と同じような行動を取ろうと決意した。

エ　友人達の会話に上手く混じることができずに悪口を言われてしまった自分を反省して、夏休み中には周囲に合わせて行動し一緒に楽しい時間を過ごせるように努力しようと決意した。

問三　(3)僕はまったく動じていなかった　とあるが、どういうことか。次の中から最も適当なものを選び、記号で答えよ。

ア　過去の調理実習で自分なりに演じてきたことにより、今回は思い通りの自分の姿を友人に見せられる自信があったということ。

イ　これまではいつも緊張して失敗の連続だったが、辰美が転校してきたことで、飾らない自分でいられる安心感があったということ。

ウ　辰美が転校してきたことで吉村たちの悪口の対象から自分が外れたため、堂々とした態度で過ごせると思っていたということ。

エ　調理に失敗すると空腹のまま過ごすことになるが、どれくらいの失敗にとどめれば良いのかを落ち着いて考えられたということ。

問四　(4)あの墨をたらしたような染みが心に広がっていった　とあるが、どういうことか。次の中から最も適当なものを選び、記号で答えよ。

ア　失敗を繰り返すことで友人からの共感を得ようと必死になっていたが、すべてを完璧にこなす辰美を見ていると友人に迷惑をかけている自分に気づかされて負い目を感じたということ。

イ　周囲の視線を気にするあまりに、自信があることでもつい失敗を繰り返してしまう自分とは違い、いろんなことを器用にこなして周囲に溶け込んでいける辰美がうらやましく、嫉妬心が芽生え始めたということ。

ウ　無理に周りに合わせた自分をつくって、みんなとは違うという不安感を打ち消していた頃に、周囲からの好奇の視線を跳ね返すような堂々とした態度で過ごす辰美の姿を目《ま》の当たりにして、自らたのに、そんなことは辰美もわかっていただろうに、自己保身とは真逆の、こんな身体《からだ》なんてバラバラに爆発したってかまわないといった破滅的な覚悟のようなものがグラグラみなぎっていて、［Ⅱ］ガキ全員の薄桃色の舌を引っこ抜いていた。

「目標がないやつにかぎって、他人をけなしたがるんだよな。そんなにヒマならなんかやってみたら？　だからモテねーんだよ」

　語尾は震えていたような気がする。それでも最後まで毅然《きぜん》とした態度をつらぬき、辰美はふたたび僕らに背を向け、校舎のほうへと去っていった。

　このサッカー事件から空気の流れが変わった。辰美をますます毛嫌いする者と、畏敬の念を抱く者と、大きく二分されたように思う。吉村はある意味根性があって最後までがんばっていた。しかしいやがらせは急速に衰えていき、十一月半ばにさしかかるころには何事もなかったかのように落ちついていた。ただ辰美が独りでいるだけだった。そして四回目の調理実習がめぐってきた。

　献立はミートソーススパゲッティ、野菜サラダ、かきたま汁、コーヒーゼリー。僕らの班には、さすがにビミョーな空気がただよっていた。

　心臓が締めつけられるほど嫉妬するだろう。始まる直前まで僕はそう思っていた。でも僕の内側では花が開いたのだ。とても潔《いさぎよ》い色の花が。辰美は玉ねぎを刻み、挽肉《ひきにく》を炒め、水煮トマトをつぶし、きぬさやの筋を取り、卵を割り、だしを取り、スパゲッティをゆで、ゼラチンをふやかした。僕は心の底からうれしかったのだ。あんなことで彼が損なわれないですんで、本当に、かなしくなるほど安心していた。

　僕はというと、あいかわらず神さまに見放されたままだった。でも辰美と同じように包丁を握っているのは事実だった。僕は抜け殻のままの右手を見下ろした。包丁はとても重かった。

　もちろんその日も、僕らの班はおいしいおいしい昼ごはんにありつけた。百合岡さんは辰美を褒めそやした。吉村に感想はなかったけど、お皿の上はきれいになくなっていた。僕はサラダ係だった。自分で切ったキャベツを静かに味わった。千切りと呼ぶには程遠い出来だったけど、僕が調理したものには違いなく、それをみんなが食べているのを見ていると、なんというか、目頭が熱くなってくるというか、意識して机の下で拳をつくっていないとやり過ごせなかった。

　そんな(5)僕の拳の叫びを辰美は聞きつけたのだ。僕らの視線は合わさった。はじめてはっきりと、真正面から。

　目の覚めるような思いがした。僕は心から辰美に謝りたかった。親しくなりたいと思った。心から料理がしたかった。うまくなりたいと思った。どんなに時間がかかったっていい。一度失ったものは二度と完全な形ではよみがえらない。その現実はわかっていた。それでも、マイナスからでも、もう一度始めたかった。醜く弱くあざとい自分も嘘《うそ》ではなかった。だから僕はすべてを抜け殻の両手に抱えたまま、またキッチンに立って、父さんに料理を教えてもらいたかった。父さんにも謝りたかった。

（白石睦月『母さんは料理がへたすぎる』による）

問一　(1)僕の両足は影の中に留まることを選んでしまった　とあるが、なぜか。その説明として最も適当なものを次の中から選び、記号で答えよ。

ア　下校時刻になっても話し込んでいる友人をとがめようと思っていたが、自分が悪口を言われていると知り、内容を確認したくなっく、僕はただただみんなと並走しながら、辰美のようすを目の端でうかがっていた。

　席替えで百合岡さんのとなりに辰美が座ったのがトドメだったのだろう。あの調理実習以来、彼女が一方的に話しかけているようなものだったけど、辰美との親しさはぐんと増していた。それが吉村の神経に障《さわ》らないはずがなかった。席替えの実施は十一月に入ったばかりの月曜日。そして翌日、僕のときと同じように、いやもっと露骨に、吉村は辰美を潰しにかかったようだった。

　しかしそんなのは決定的に誤算だったのだ。だって僕と辰美には、［Ⅰ］があったのだから。

「はあ、アホらし。俺、もう抜けるけん」

　僕の視界の真ん中で、辰美がそう言って背を向けた。すると次の瞬間だった。白黒の直線が目の前をまっすぐ飛んでいった。ボンッと鈍い音がひびいた。サッカーボールは辰美の太ももあたりにぶつかって、さらに校庭の隅のほうまで転がっていった。

「あーあ、タツミちゃーん、ちゃんと受けなきゃダメじゃーん」

　まるで心底同情するかのような吉村の声だった。おまえ性格悪すぎ、と中西が笑いをかみ殺して小声で言うのも聞こえた。井上も沢口もニヤニヤしていた。彼ら以外の男子はさすがにうろたえていた。しかしそれもわずかなもので、だれも辰美をかばおうとはしなかった。辰美の凜《りん》とした態度は、周囲の人間を小馬鹿にしているようにも映っていた。だからわざわざ陰口を叩《たた》いて自分を貶《おとし》めたくはないけれど、少しぐらい痛い目を見ればいいのにという善人のままで育てられる黒いトゲに、みんなはそっと水をやりつづけていたのだ。なんにせよ、へたにかばって、己に火の粉がふりかかるのだけはごめんだった。

「やっぱりあれかあ、サッカーよりお料理かあ、ボールよりエプロンのほうがお似合いかなー、タツミちゃんだもんなー」

　吉村の悪意は、さざなみのように打ち寄せ、みんなに伝播《でんぱ》していった。いつもの済ました表情がゆがむのを待ち望んでいた。だけどやっぱり、決定的に見当違いだったのだ。

「おまえら正気？　レベル低すぎてまじ引くんだけど」

　ざらりと、砕けたガラスが舌の上にばらまかれた気がした。みんな言葉を失っていた。

「お料理？　料理するのがなんだって？　イタリアンでもフレンチでも、寿司《すし》職人だって、プロの世界で腕ふるってる男はごまんといるだろ。俺が目指してんのはそこなんだよ。ままごとでやってんじゃねーんだよ。家庭の味は家庭の味でいいと思うけどさ、おまえらの大好きなママがつくってるようなもんはさ、俺は求めてないわけ」

　だれもひと言も発せないでいた。そういえば吉村の家はシングルマザーだったっけと僕は頭の片隅で思い出していたけど、このさいそれはなんの関係もなかった。

　息を整えるための時間を稼ぐように、辰美は僕ら一人ひとりを見回していった。もちろん辰美も怖かったのだ。あとあと教えてもらうことになるのだけど、辰美はひどく動揺すると、標準語になってしまうらしい。このときはあまりのことに気づかなかったけど、確かにスラスラしゃべっていたような気がする。

　辰美はグラグラ煮えたぎるマグマを内に秘めた火山だった。自己防衛のために僕らを睨《にら》んでいた。反感を買うだけの結果にもなりかねなかっまで興味深そうに近寄ってきて、辰美の手もとに注目していた。

やがて四時間目終了のチャイムが鳴った。僕らの班は、それはおいしいおいしい昼ごはんにありつけた。べちゃっとなりがちな野菜炒めも、辰美が何度もフライパンを振って手早く全体に火を通してくれたため、しっかり炒められているのにシャキッと小気味よい歯ごたえが残っていた。

ほんとうにおいしかったのだ。僕は心の底から感動していた。そして奥歯で箸を噛《か》みしめていた。(4)あの墨をたらしたような染みが心に広がっていった。今度ははっきりと、心の真ん中に。

僕はその日の夜遅く、いや日付をまたいだころ、足音を殺して階段を下り、寝静まった家の灯《あか》りを一ヶ所だけつけた。キッチンだった。たかが四ヶ月。僕は自分に、キッチンに言い聞かせるように、心の中で繰りかえしつぶやいていた。

鍋やフライパンの数も、塩や砂糖やスパイスのならぶ順番も、作業台の角に僕がつけた傷も変わっていなかった。それなのにもうそこは見慣れた知らない場所になっていた。やけに床が冷たかった。這《は》いあがってくるような寒気に、僕は繰りかえし繰りかえし、大丈夫大丈夫と唱えつづけた。

卵、牛乳、ホットケーキミックス粉をまぜて焼くだけ。それだけのはずなのに卵はうまく割れず、牛乳はこぼし、粉はボウルの外に飛び散った。フライパンに油を引いてもったりしたタネを落とすと、なつかしい気泡がぷくぷくと表面にあらわれてきた。僕はほっとした。でもいたずらな安堵だった。もう生地をひっくり返さないといけないタイミングだというのに僕の右手は震えるのだった。意識すればするほど震えは大きくなっていった。見るからに生地はパサつきはじめ、焦げ臭さも鼻をつきだし、いいかげん思いきってフライ返しで生地をひっくり返してみるも、案の定フライパンの縁にひっついてしまい、あわてて剥がそうとしたら指を火傷《やけど》してしまった。

とんでもないことをしてしまった。愚かな僕は、今さらながら気づいたのだった。

超しっとりでふっくらのホットケーキ？　目の前に横たわっていたものは、黒くまだらに焦げた、いびつで硬い小麦粉のカタマリでしかなかった。

たかが四ヶ月。そのはずだった。でも僕は包丁を捨てたのだった。つまらない理由で、みずから料理を捨ててしまったのだ。そんな僕を料理の神さまがとっくに見捨てていたって、なんのふしぎがあっただろう？

赤く腫れてジンジンと僕は痛んだ。キッチンだけ不自然に明るい家の中で、抜け殻になった他人のような両手を、ただ見下ろすことしかできなかった。

「タツミちゃ～ん」

吉村があらぬほうを向いて小さく叫んだ。昼休みの校庭でのサッカーだった。僕はひそかにビクッとなった。

ニヤニヤ笑いを含みながらサッカーボールは吉村に蹴られていた。井上にパスされ、沢口にカットされ、そして中西に回されて校庭を走っていった。名前を呼ばれた辰美にはいっさいボールは渡らなかった。サッカークラブをサボりがちになっていた僕の実力が伸びているわけもなにしたのはわざとらしかった。二回目もまだまだ緊張した。でも失敗は成功した。野菜はみじん切りにできなかったし、鮭《さけ》のムニエルはパサパサに仕上げられたし、コンソメスープの鍋は噴きこぼすことができたのだから。

「あー、もー、山田、気をつけろよなー」

あわてて鍋蓋を持ち上げる僕を見て、吉村がおかしそうに笑って注意してきた。

「ごめんごめん、ぼーっとしてた」

新しい僕は同じように笑いかえした。昔の僕の上に、ありきたりな失敗を上書き保存したのだ。超しっとりでふっくらなホットケーキは消去されていた。あれはたまたま得意だっただけなんだと、みんなの頭の中の情報を書き換えさせてもらったのだった。

みんなとおんなじようにいることは、ミルク色の生ぬるい湯に全身をゆだねて浮かんでいるようだった。僕はねむたいような安心感にくるまれていた。そのまどろみに冷水を浴びせかけてきたのが辰美だった。

「遊び半分で食べもんに触るんは失礼やろ」

僕と吉村の包丁は止まった。野菜炒め用のニンジンの皮むきをしているところだった。僕は慣れた手つきで、三回目の失敗に取り組んでいるところだった。ニンジンの皮は硬くてむきづらく、橙色《だいだい》のぶ厚いカタマリがまな板の上に散らばっていた。

「ああ、もったいな。ニンジンはな、ほんまは皮ごと食うたらいいんじゃけどな。ほら貸してみい」

僕らはすなおに辰美のためにスペースを空けた。久しぶりに彼の長いセリフを聞いて驚いたせいだったのだろう。辰美はまな板の前に立ち、僕から包丁を受け取ると、ニンジンの皮をむきはじめた。本当に驚いたのはそれからだった。

「……すごい」

声に出したのは百合岡さんだった。僕はただ彼の手つきに目を奪われていた。するするむかれていくニンジンの皮は薄く薄く、まるで羽衣のように透きとおるほどで、しかも無駄な動きの一切ない実用的な素早さだった。あっという間にニンジンは美しくいちょう切りに整えられてしまった。

「よかったら、残りの野菜も切ろうか？」

「うん、うんうん、そうしてそうして。吉村くんたちに任せてたら、食べられる部分のほうが少なくなっちゃうもん。わあー、すごいんだねえ渡辺くん！　テレビで見るプロの人みたい！」

また答えたのは百合岡さんだった。彼女ははしゃいで、残りのキャベツ、ピーマン、玉ねぎ、しめじをすぐに辰美の前まで持ってきた。辰美はそれらを次々に切っていった。なめらかにリズミカルに。同じ包丁を使っているとは思えなかった。それぐらい僕らとは差があり、食材を切る係だった僕と吉村は黙って見ているしかなかった。バカみたいに立ちつくしていると、辰美がフライパンをガスレンジの上に置いた。炒める係は百合岡さんだったのだけど、最後の工程まで辰美に任せるらしかった。

「できれば鉄のフライパンがいいんやけどね。強火で一気に炒められるけん」

辰美はだれへともなく説明した。いつのまにか調理台のまわりに人だかりができていたからだった。ほかの班からだけでなく、家庭科の先生嫌で嫌でたまらなくなっていたのだ。

(2)僕はみんなと同じ色をした、見えない皮膚をまとうことにした。そして計画どおり、一ヶ月半の夏休みは、僕を典型的な少年へと焼きあげてくれた。

野球もサッカーもバスケットボールもめったにしなかったのは、天然記念物級に球技がヘタだったからで、でも僕は思いきって地域のサッカークラブに参加してみた。ヒマな佐藤に誘われるままプールにも通った。近隣のお祭りと花火大会は網羅したし、佐藤の思いつきによって十五キロ先の海水浴場まで自転車で行ったし、宿題はどんどんたまっていった。父さんにつきあって家庭菜園の世話をすることもなかったし、もちろん新しい料理のひとつも習うこともなかった。そういうわけで小麦色の皮膚がぺりぺりとむけるころ、その下から現れた僕は新しい僕に変わっていた。

辰美が僕の前に現れたのは、それから少しあとのことだ。二学期はとっくに始まっていて、運動会を終えてまもなく、彼は教室のいちばん前に、五年二組の新しい仲間として立っていた。

「タツミだって」

近くでだれかがこそっと言うのが聞こえてきた。担任の先生の大きな字で、彼の名前は黒板にはっきりと書かれていた。それを読んだとき、僕もタツヨシだろうと思った。でもそのままタツミだった。

「渡辺辰美です。よろしくお願いします」

辰美は短くあいさつした。アクセントがちがっていた。ただ、どうちがうのかはよくわからなかった。関西弁っぽいのに、東北弁や九州弁もまじっているような、独特の話し方のせいだったのだろう。これもあとあと知るのだけど、辰美の話し方が独特なのは、日本各地を転々と引っ越してきたせいだった。

辰美の黒くて大きな瞳は、臆することなく、ほかの六十個の瞳を見渡していた。僕の心の隅に、なぜか、墨を一滴落としたような染《し》みがじわりと広がっていった。

辰美はあまりしゃべらなかった。というか、あまりクラスになじまなかった。無視しているわけじゃなかった。おはようと言えばおはようと返ってきたし、昼休みのサッカーに誘えばいいよと応じてきた。でもその程度だった。最初は転校してきたばかりで緊張しているのだろうと思っていた。けど半月経っても同じ調子なので、しだいにだれもが辰美と距離を置くようになってしまった。寡黙さと独立心は、彼のはっきりした面立ちも手伝って、女子にはひそかな人気を呼んでいた。もちろん女子とも親しくしないのだけど、音も匂いもなくゆっくり充満していく毒のように、男子の反感を膨張させていくにはじゅうぶんだった。

パチンと弾《はじ》けたのは、調理実習の時間。二学期に入って三回目の授業だった。

名字がワ行なので、辰美は僕と同じ班に入った。献立は白米、みそ汁、肉野菜炒《いた》め、オレンジゼリー。この日の五年二組に給食は用意されておらず、つまりなんとか自力で食べられるものをつくらなければ、腹ペコの午後が待ちかまえているのだった。

(3)僕はまったく動じていなかった。腕に自信があったからじゃない。そういう安堵《あんど》ではなかった。新しい僕になってもう三回目の調理実習で、僕はうまく失敗できる自信にみなぎっていたのだ。一回目はすごくドキドキした。卵をぐしゃりと割って、ボウルの中をこまかな殻だらけまり、僕はタイミング悪く教室に戻ってきてしまったのだった。

「気味悪いってなんだよ？　うめーならいいじゃん」

「いやあ、まあ、そうなんだけどさあ、ホットケーキがさあ、超しっとりでふっくらなわけよ」

「だから、いいんじゃん。俺の班なんて焦げ焦げで悲惨だったぞ」

「あー、でも吉村が言いたいことわかるかもー。なんでそんなことできるんだよって、若干引くってことだろ？」

「そうそう、若干どころかドン引きっていうか」

「確かに女子もちょっと引いてたよな。自分よりぜんぜんできる男子なんてなー」

「手つきが、なんていうか、女子なんだよなあ。いやむしろオカンか？」

「オカンて！」

　四人は声をあげて笑いだした。ぴったりな陰口を見つけたみたいに。僕の拳はじっとり汗ばんでいた。それなのにとても冷たくなっていた。

「あいつさあ、昼休みになっても、野球もサッカーもめったに仲間に入ってこねえじゃん？　どのスポーツクラブにも入ってねえみたいだし、なにやってんのかと思ってたら、まさかのお料理だよ」

「じゃあさー、野菜の切り方の授業とか、初歩すぎて、内心バカにしてただろうなー」

「なあなあ、オカンで思い出したんだけど、あいつんちって、父親と母親が逆転してるって話」

「えっ、なにそれ？」

「オヤジが働いてねんだって。主夫って話」

「ゲーッ、まじかよ？　家にずっといるってこと？」

「ひゃー、俺なら絶対ヤダ。かっこわりぃ」

「なあなあ、ふたりで台所立って、フリフリのまっしろのさあ、おそろいのエプロンなんかつけてたりして～」

「ゲェーッ！　さすがにそれはヤバい！」

　僕はそこまで聞いて、音を立てずに一、二歩暗がりを後退した。あいつらバカだろ。そんなわけないに決まってんだろ。そう口に出したいのに、両足は廊下を駆け出しはじめていた。四人の笑い声が追いかけてきた。僕は振りかえらず、全速力で昇降口まで走りつづけた。げた箱の前で、のんきにTシャツを泥だらけにしている佐藤と会った。けど僕はかまわず、運動靴に両足をつっこむと、もう聞こえないはずの声を振り切るように、自宅までわき目もふらずに走った。

　あとあと気づくのだけど、吉村も百合岡さんのことが好きだったのだ。たぶん僕よりずっとずっと。

　山田くんすごいね。お店の人みたいだね。百合岡さんがそう褒めてくれるのを横で聞いていて、吉村はおもしろくなかったのだろう。それで、ついあんなふうに憂《う》さ晴らしをしてしまったのだ。今ならわかる。みんなガキだったのだ。そしてガキ代表の僕は包丁を捨てたのだ。自分以外に料理をする男子も興味を持っている男子も見当たらない。気になっていたけど気にしないようにしていた、ずっとモヤモヤしていた気持ちが、ついに燃えあがって灰になったのだった。

　父さんが家にいるのも、参観日に来るのも、チラシをつぶさにチェックして買い物に行くのも、こつこつとポイントカードのポイントをためるのも、母さんの下着を形を整えて干すのも、遊びにきた友達に手づくりのシフォンケーキなんかを出すのも、学年が上がるにつれて、本当は

【国　語】（六〇分）〈満点：一〇〇点〉

1　次の傍線をつけた漢字の読みを平仮名で書け。

（1）本の装丁にかかわる仕事。
（2）市政を刷新する。
（3）事実が暴露される。
（4）辛苦して子どもを育て上げる。
（5）謹んでご報告いたします。

2　次の傍線をつけたカタカナの部分に当たる漢字を楷書で書け。

（1）内容をシュシャ選択する。
（2）キハツしやすい物質。
（3）商品をクウユ便で発送する。
（4）一日に一冊読むのがセキの山だ。
（5）この決定はゴンゴドウダンである。

3　※問題に使用された作品の著作権者が二次使用の許可を出していないため、問題を掲載しておりません。

（出典：『集合知とは何か』西垣通）

4　次の文章を読んで、後の各問いに答えよ。

> 「僕（山田龍一朗）」の家庭は、父が主な家事をし、「僕」は料理上手な父の手ほどきを受け、幼い頃からよく料理をしていた。

「前からちょっと思ってたけど、山田って、あれじゃね？」

　教室から聞こえてきた声に、僕の両足は廊下の暗がりでストップした。五年二組の引き戸の手前だった。僕は図書委員の仕事が長引いて、帰りが遅くなっていた。放課後のがらんとした校舎は、壁も床も天井も、影さえもうっすらオレンジ色を帯びていて、ちょっとこわいぐらいだった。僕はオレンジ色の暗がりから、そっと首を伸ばして教室内を確かめてみた。

「あれって？」

「なんつーか、ヘン。もとい、女子っぽい」

「えー？　そう？」

「あー、でもなんとなくわかるかもー」

　教室の隅に男子数人が居残っていた。吉村と井上と沢口と中西だった。

　なんで僕が女子っぽいってことになるんだ？　ムッとして、勢いのまま怒鳴りこんでやろうかと思った。でも吉村の次の言葉で、（1）僕の両足は影の中に留まることを選んでしまった。

「山田のホットケーキって、すっげーうめえの。気味悪《わり》ぃ」

　調理実習の課題は、白玉入りフルーツポンチとホットケーキだった。家庭科の班は出席番号順なので、僕と吉村は同じ班だった。授業は三、四時間目が充《あ》てられて、プラス給食を食べてから五時間目は水泳という、かなり胃にパンチのある時間割りが組まれていたのだけど、僕は同じ班の百合岡さんにいいところが見せられたおかげで、二十五メートルプールを十往復ぐらいできそうなほど元気だった。放課後になっても浮かれていた。そのせいで、危うく水泳バッグを忘れて帰るところだった。つ

2024年度

解　答　と　解　説

《2024年度の配点は解答欄に掲載してあります。》

＜数学解答＞ 《学校からの正答の発表はありません。》

1 問(1)　$-9a$　問(2)　14　問(3)　本A　40日　本B　140日
問(4)　$\angle x=16$度，$\angle y=117$度　問(5)　$\dfrac{1}{2}$

2 問(1)　$\mathrm{A}\left(\dfrac{4}{5},\ \dfrac{32}{25}\right)$　問(2)　AM：EM＝1：2　AE：EN＝1：4　問(3)　$\dfrac{16}{125}$

3 問(1)　6cm　問(2)　$\dfrac{15}{4}$cm　問(3)　$\dfrac{225}{64}\pi\,\mathrm{cm}^2$

4 問(1)　$\dfrac{7}{18}$　問(2)　5　問(3)　$\dfrac{7}{36}$

5 問(1)　①　8枚　②　9通り　問(2)　3通り　問(3)　5通り　問(4)　89通り

○推定配点○
1 問(4)　各3点×2　他　各5点×4(問(3)完答)　2 問(1)　5点　問(2)　各3点×2
問(3)　6点　3 問(1)，問(2)　各5点×2　問(3)　6点　4 問(1)，問(2)　各5点×2
問(3)　6点　5 問(1)　各4点×2　問(2)，問(3)　各5点×2　問(4)　7点　計100点

＜数学解説＞

基本 1 (式の計算，式の値，連立方程式の応用問題，角度，2乗に比例する関数)

問(1)　$24a^3b^2\div\left(\dfrac{a^2}{3b}\right)\times\left(-\dfrac{1}{2b}\right)^3=24a^3b^2\times\dfrac{3b}{a^2}\times\left(-\dfrac{1}{8b^3}\right)=-9a$

問(2)　$x-y=(-1+\sqrt{3})-(-1-\sqrt{3})=-1+\sqrt{3}+1+\sqrt{3}=2\sqrt{3}$，$xy=(-1+\sqrt{3})(-1-\sqrt{3})=-(\sqrt{3}-1)(\sqrt{3}+1)=-(3-1)=-2$　$x^2-3xy+y^2=(x-y)^2-xy=(2\sqrt{3})^2-(-2)=12+2=14$

問(3)　本Aを読んだ日数をx日，本Bを読んだ日数をy日とする。日数から，$x+y=180$…①　読んだページ数から，$2x+3y=500$…②　②－①×2から，$y=140$　①に$y=140$を代入して，$x+140=180$，$x=40$

問(4)　各点を右の図のように定めると，弧ABの円周角から，$\angle\mathrm{ADB}=\angle\mathrm{ACB}=47^\circ$　△DBEにおいて，内角と外角の関係から，$\angle x=47^\circ-31^\circ=16^\circ$　△FBCの内角の和の関係から，$\angle\mathrm{BFC}=180^\circ-(16^\circ+47^\circ)=117^\circ$　対頂角から，$\angle y=\angle\mathrm{BFC}=117^\circ$

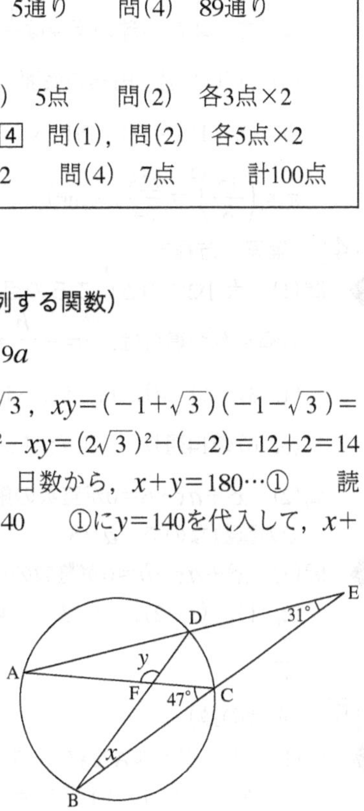

問(5)　$y=ax^2$に$x=-2$，4を代入して，$y=a\times(-2)^2=4a$，$y=a\times4^2=16a$　よって，A$(-2,\ 4a)$，B$(4,\ 16a)$
傾きが1であることから，$\dfrac{16a-4a}{4-(-2)}=1$，$\dfrac{12a}{6}=1$，$2a=1$，$a=\dfrac{1}{2}$

2 (図形と関数・グラフの融合問題)

基本 問(1)　点Aのx座標をaとすると，A$(a,\ 2a^2)$，B$(-a,\ 2a^2)$，D$\left(a,\ -\dfrac{1}{2}a^2\right)$　AB＝$a-(-a)=$

$2a$，$AD=2a^2-\left(-\frac{1}{2}a^2\right)=\frac{5}{2}a^2$　AB＝ADのとき，四角形ABCDは正方形になる。よって，$2a=\frac{5}{2}a^2$，$4a=5a^2$，$a\neq0$から，$5a=4$，$a=\frac{4}{5}$　$2\times\left(\frac{4}{5}\right)^2=\frac{32}{25}$　よって，$A\left(\frac{4}{5},\ \frac{32}{25}\right)$

問(2)　AM：NM＝1：2　NMは円の直径だから，∠NEM＝90°　よって，∠AEM＝90°　2組の角が等しいことから，△AME∽△ANM　よって，AE：EM＝AM：MN＝1：2　2組の角が等しいことから，△MNE∽△AME　よって，EN：EM＝EM：EA＝2：1　したがって，AE：EN＝1：2×2＝1：4

重要　問(3)　AE：AN＝1：5，$NC=\frac{4}{5}$，$AB=\frac{4}{5}\times2=\frac{8}{5}$から，$\triangle AEC=\frac{1}{5}\triangle ANC=\frac{1}{5}\times\frac{1}{2}\times\frac{4}{5}\times\frac{8}{5}=\frac{16}{125}$

3　(空間図形の計量問題―三平方の定理，三角形の比の定理，面積)

基本　問(1)　円錐の頂点をPとし，点Pから底面へ垂線PHをひくと，$PH=\sqrt{(3\sqrt{5})^2-3^2}=\sqrt{36}=6$(cm)

重要　問(2)　円錐の底面と球との1つの接点をA，球の半径をrとするとOA＝r，OH＝$6-r$，△OAHにおいて三平方の定理を用いると，$r^2=(6-r)^2+3^2$，$r^2=36-12r+r^2+9$，$12r=45$，$r=\frac{45}{12}=\frac{15}{4}$

よって，求める球の半径は$\frac{15}{4}$cm

問(3)　点Oを通り円錐の底面と平行な平面とPAとの交点をI，OI＝sとすると，三角形の比の定理から，OI：HA＝PO：PH，$s:3=\frac{15}{4}:6$，$6s=\frac{45}{4}$，$s=\frac{45}{4}\times\frac{1}{6}=\frac{15}{8}$　よって，求める面積は，$\pi\times\left(\frac{15}{8}\right)^2=\frac{225}{64}\pi$ (cm²)

4　(確率，方程式)

基本　問(1)　大小2つのさいころの目の出かたは全部で，6×6＝36(通り)　そのうち，$ax+b=0$が整数の解をもつ場合は，$x=-\frac{b}{a}$から，bがaの倍数のときである。よって，$(a,\ b)=(1,\ 1)$，(1，2)，(1，3)，(1，4)，(1，5)，(1，6)，(2，2)，(2，4)，(2，6)，(3，3)，(3，6)，(4，4)，(5，5)，(6，6)の14通り　したがって，求める確率は，$\frac{14}{36}=\frac{7}{18}$

問(2)　$x^2+ax+6=0$が整数の解をもつのは，6＝1×6，2×3から，$a=7$，5のとき　aは1から6までの整数なので，$a=5$

重要　問(3)　$x^2+ax+b=0$が整数の解をもつのは，かけてb，たしてaになる場合を考えると，$(a,\ b)=$(2，1)，(3，2)，(4，3)，(4，4)，(5，4)，(6，5)，(5，6)の7通り　よって，求める確率は，$\frac{7}{36}$

5　(場合の数)

基本　問(1)　①　タイルAをx枚，タイルBをy枚とすると，$x+y=9$…(ⅰ)，$x+2y=10$…(ⅱ)　(ⅱ)−(ⅰ)から，$y=1$，(ⅰ)に$y=1$を代入して，$x+1=9$，$x=8$　よって，8枚

②　タイルBは1枚から，タイルの敷き詰め方は，BAAAAAAAA，ABAAAAAAA，AABAAAAAA，AAABAAAAA，AAAABAAAA，AAAAABAAA，AAAAAABAA，AAAAAAABA，AAAAAAAABの9通り

基本　問(2)　AAA，AB，BAの3通り

問(3)　左から3cmのところまでタイルを敷き詰めた後にタイルAを置く場合は，AAAA，ABA，

BAAの3通り　左から2cmのところまでタイルを敷き詰めた後にタイルBを置く場合は，AAB，BBの2通り　よって，合わせて5通り

重要　問(4)　問(3)のように考えると，$n$cmまでの敷き詰め方は，$n-2$(cm)と$n-1$(cm)までの敷き詰め方の和になる。右の表から，求める敷き詰め方は89通り

1	2	3	4	5	6	7	8	9	10
1	2	3	5	8	13	21	34	55	89

★ワンポイントアドバイス★

4問(3)は，bの値を決めてから，解が整数になるaの値を考えていこう。

<英語解答>　《学校からの正答の発表はありません。》

1　リスニング問題解答省略

2　問1　(1)　エ　(2)　エ　(3)　イ　(4)　イ　問2　(1)　has been, for　(2)　so, couldn't　(3)　is the best, player　問3　(1)　something cold to　(2)　knew, would　(3)　hers　(4)　is famous for　(5)　help, find　問4　(3番目，5番目の順)　(1)　イ，エ　(2)　オ，ウ　(3)　オ，エ

3　問1　(A)　ウ　(B)　イ　(C)　エ　問2　ウ→イ→エ→ア　問3　popular

4　問1　(1)　イ　(2)　ウ　(3)　エ　(4)　エ

5　問1　how much　問2　②　solve　⑤　far　問3　イ　問4　イ　問5　ア，エ

○推定配点○

1・2・4　各2点×32(2問2，問3，問4各完答)　3・5　各3点×12(3問2完答)　計100点

<英語解説>

1　リスニング問題解説省略。

2　問1(語句選択問題：進行形，動名詞，形容詞，使役構文)

(1)「大きな地震があったとき私はお風呂に入っていた。」 when は時間の流れの一点を示す言葉なので過去進行形がふさわしい。

(2)「ナナは学校でとても人気がある本を買ったが，それを読み終えることができなかった。」 finish, enjoy, stop の後に動詞を置く場合には動名詞にする。

(3)「列車事故のニュースは驚くべきものだった。」 surprising は「驚くべき」という意味を表す形容詞である。

(4)「エミリーはまだ15歳なので，彼女の父親は彼女が海外で学ぶことを許さなかった。」〈let + O＋原形動詞〉で「Oに～させる」という意味を表す。

問2(書き替え問題：現在完了，慣用表現，名詞)

基本　(1)　a)「トムは午前7時にピアノを弾き始めた。すでに正午だが，彼はまだそれを弾いている。」→ b)「トムは5時間のあいだピアノをずっと弾いている。」 現在完了の進行形は〈have + been + ～ing〉という形で表す。

(2) a)「彼は好きなミュージシャンを見るにはコンサートホールに着いたのが遅すぎた。」→ b)「彼はコンサートホールにとても遅く着いたので，好きなミュージシャンを見られなかった。」〈so ~ that S can't …〉で「とても~なのでSは…できない」という意味になる。

(3) a)「私のクラスの誰もユミより上手にテニスをできない。」→b)「ユミは私のクラスで一番のテニス選手だ。」「~が上手だ」は〈a good ~ player〉と表すことができる。

問3(語句補充問題：不定詞，仮定法，代名詞，慣用表現，使役構文)

(1) 形容詞が something を修飾する時は〈something ＋形容詞〉の語順にする。〈something to ~〉で「何か~する(べき)もの」という意味を表す。

(2) 〈if 主語＋過去形の動詞~〉は仮定法過去で，実際とは異なる仮定を表す。

基本 (3) 「彼女のもの」は所有代名詞 hers で表す。

(4) 〈be famous for ~〉は「~で有名だ」という意味を表す。

(5) 〈help A ~〉で「Aが~するのを手伝う」という意味を表す。

問4(語句整序問題：間接疑問文，関係代名詞，分詞)

(1) (Please) tell me what time you will (leave.) 「あなたが何時に出発するのか教えてください。」 間接疑問文なので，〈疑問詞＋主語＋動詞〉の形になる。

(2) The song he wrote 20 years ago is (still popular.) 「彼が20年前にかいた歌は今でも人気がある。」 he の直前に目的格の関係代名詞が使われているが省略されている。he wrote 20 years ago の部分が song を修飾している。

(3) (They sent) the message to the people listening to (the radio.) 「彼らはラジオを聞いている人々にメッセージを送った。」 現在分詞は「~している」という意味で直前の名詞を修飾する。

3 (長文読解問題・説明文：内容吟味，語句補充)

(全訳) 1907年，日本の科学者，池田菊苗が画期的なことを発見しました。昆布だしを飲んでいると，独特の風味を感じたのです。少し塩辛く，甘さもありました。彼はその味をどう表現していいのかわかりませんでしたが，とても美味しかったのです。菊苗はその味をもっと研究することにしました。彼はその特別な味が天然素材から来ていることを発見しました。菊苗は研究の結果，この天然素材から白い粉を作りました。彼はその粉末をMSGと名付けました。食べ物がもっと美味しくなるかもしれないので，彼はそれを他の人と分け合うことにしました。

①菊苗は，MSGを売ればお金が儲かるチャンスだと考えました。彼はこのアイデアについて，三郎助という実業家に相談しました。1908年に彼らは味の素という名前の食品会社を設立しました。それは製品の販売に成功しました。それは非常に人気となり，人々は料理をするときにそれを使い始めました。この製品は，タイ，フィリピン，インドネシアなどのアジア諸国でも販売されました。同社はまた，ヨーロッパや北米の多くの中華料理店への販売も開始しました。

しかし，1960 年代になると，米国の一部の人々がMSGの安全性を心配し始めました。彼らは「MSGは化学物質なので問題だ。それは自然なものではない。もしMSG を食べすぎると，頭痛や心臓の問題さえも引き起こす。」と言いました。これは米国の多くの人々に大きな衝撃を与えました。人々はMSGを購入しなくなり，多くのレストランではもうMSGを使用しなくなりました。

1980年代，科学者たちは真実を見つけようとしました。彼らはMSGの安全性を研究し，MSGが人々を病気にしないことを示しました。政府も安全性を確認し，食べても安全だと発表しました。MSGはヨーグルトが作られるのと同じように発酵によって作られます。

今，状況は変わりつつあります。MSGはレストランの間で再び(②)人気が高まっています。シェフたちは料理をより美味しくするために再びそれを使い始めました。たとえば，ボニーズというニューヨークの中華料理レストランがこの製品を使用しています。シェフたちは，MSGを使うと何でもおいしくなると言います。レストランではほとんどのメインディッシュに使われています。その結果，レストランは2021年にオープンして以来，非常に人気を博しています。100年以上前に菊苗が見つけた味は，人々に楽しまれています。

問1 (A)「池田菊苗は______。」 ア 「MSGの研究をあきらめた」 研究を続けたので，誤り。

イ 「白い粉を作るためにMSGを使った」 できた白い粉をMSGと名付けたので，誤り。

ウ 「MSGをつくった科学者だった」「菊苗は研究の結果，この天然素材から白い粉を作りました。彼はその粉末をMSGと名付けました」とあるので，答え。 エ 「スープを調理してMSGと名づけた」 スープを調理したわけではないので，誤り。

(B)「1960年代には，______。」 ア 「MSGの問題は科学者たちによって解決された」 文中に書かれていない内容なので，誤り。 イ 「あるアメリカ人たちはMSGが健康的だと思わなかった」 第3段落の内容に合うので，答え。 ウ 「MSGは食べ過ぎを止めるのに使われた」 文中に書かれていない内容なので，誤り。 エ 「科学者たちはMSGを病人のために使ってみた」 文中に書かれていない内容なので，誤り。

(C)「1980年代には，______。」 ア 「レストランがMSGの安全性について学んだ」 文中に書かれていない内容なので，誤り。 イ 「政府がMSGが危険だと認めた」「政府も安全性を確認し，食べても安全だと発表しました」とあるので，誤り。 ウ 「人々はMSGを食べたので真実を見つけた」 文中に書かれていない内容なので，誤り。 エ 「科学者たちはMSGは問題ではないと知った」「科学者たちは真実を見つけようとしました。彼らはMSGの安全性を研究し，MSGが人々を病気にしないことを示しました」とあるので，答え。

問2 全訳参照。

問3 レストランで使われるようになったことが書かれているので，「人気がある」が入る。

4 **(資料問題：内容吟味)**

我々は君が欲しい！！ ～北杜音楽フェスティバル～

北杜音楽祭は2010年にスタートし，以来多くの若者がステージに立ってきました。また，毎年著名なミュージシャンをゲスト出演者として招いています。

今年はもっと多くの高校生に私たちのフェスティバルで演奏したり歌ったりしてもらいたいと思っています。参加方法については，以下の情報をお読みください。ご質問がございましたら，hokutocityfes @Qmail.com までメールをお送りいただくか，0111-11-1111までお電話ください。

日時：2024年3月17日(日)9:00a.m.－5:00p.m.

場所：北杜緑地公園

参加方法

1. 2月17日までに市役所事務室にお越しください。
2. 事務所にてお名前，年齢，メールアドレス，電話番号，演奏したい曲名をお知らせください。

3 3月17日に￥1,000をお支払い下さい。

※パフォーマンスについてさらに詳しい情報が必要な場合は，2月21日から28日までにお電話にてご連絡させていただきます。

注意

・フェスティバルに出演すると，食べ物が20%オフになるチケットがもらえます。20以上の店が地元の食材を提供します。

・ステージ設営を手伝っていただくと，フェスティバルで無料のドリンクがもらえます。ご協力いただける方は，3月16日午前9時までに公園にお越しください。

・パフォーマンスは5分から10分程度ですが，これまでにこのフェスティバルに出演したことのある方は15分程度のパフォーマンスも可能です。

あなたのための特別レッスン!!

今年は有名ギタリストの牧野豊さんがゲスト出演します。山梨で演奏するのは初めてです。彼はまた，あなたのパフォーマンスを向上させる機会を与えてくれます。3月16日午後2時までに公園に来れば，より良いパフォーマンスを目指すための特別レッスンに参加できます。

連絡先：

電話番号　0111-11-1111

電子メール　hokutocityfes@Qmail.com

住所　山梨県　北杜市　長坂　長坂上条2003

(1) 「北杜音楽フェスティバルについてどれが正しいか。」 ア 「演奏するより多くの大人が必要だ。」「もっと多くの高校生に」とあるので，誤り。 イ 「10年以上前に始まった。」「2010年にスタートし」とあるので，答え。 ウ 「すべての演者はステージ上で歌わなければならない。」文中に書かれていない内容なので，誤り。 エ 「電子メールによってのみ質問できる。」「お電話ください」ともあるので，誤り。

(2) 「北杜音楽フェスティバルで演者になるにはどうしなければならないか。」 ア 「事務所に住所を言う。」 文中に書かれていないので，誤り。 イ 「自分の情報について電子メールを送る。」「電子メールを送る」とは書かれていないので，誤り。 ウ 「フェスティバルの日に1,000円払う。」「3月17日に￥1,000をお支払い下さい」とあるので，答え。 エ 「2月21日から28日の間に事務所に電話する。」 事務所がすることなので，誤り。

(3) 「『注意』は何を伝えているか。」 ア 「すべての演者はフェスティバルで安い価格で飲み物を買うことができる。」「食べ物が20%オフになるチケット」とあるので，誤り。 イ 「ステージをつくる人々は3月16日に無料の食べ物を得る。」「フェスティバルで無料のドリンクがもらえます」とあるので，誤り。 ウ 「ステージは3月17日の早朝につくられるだろう。」「3月16日」とあるので，誤り。 エ 「このフェスティバルで以前演奏した人々はより長く演奏できる。」「これまでにこのフェスティバルに出演したことのある方は15分程度のパフォーマンスも可能です」とあるので，答え。

(4) 「牧野氏についてどれが正しいか。」 ア 「彼はゲストの演者を招待する有名なミュージシャンだ。」 牧野氏がゲストなので，誤り。 イ 「彼は以前このフェスティバルでギターを演奏した。」「山梨で演奏するのは初めてです」とあるので，誤り。 ウ 「彼は3月16日だけステージ上にいる。」「3月17日」に出演するので，誤り。 エ 「彼はパフォーマンスを向上させる方法を教えます。」「あなたのパフォーマンスを向上させる機会を与えてくれます」とあるので，答え。

5 (長文読解問題・物語文：語句補充，内容吟味)

(全訳) グリーンヒルという小さな町にノアという少年がいました。彼は音楽が大好きで，学校のバンドで演奏するためにギターを購入したいと思っていました。ある日，彼は隣の町を訪れ，小さな金物店のショーウィンドウに美しい赤いギターを見つけました。彼はそれを本当に欲しいと思いました。

ブラウンさんは金物店のオーナーでした。ノアは店に入り，ギターが(①)いくらなのか尋ねました。その答えを聞いたとき，ノアはショックを受けました。なぜなら，それは彼にとってあまりにも高価だったからです。「なるほど」とノアは言って店を出ました。1時間後，ブラウンさんが外を見ると，ノアはまだショーウィンドウの前にいました。彼はギターを見ていました。ブラウンさんも音楽は好きでしたが，彼は貧乏だったので若い頃にギターを買えませんでした。彼はその青年を気の毒に思い始め，あるアイデアを思いつきました。彼は外に出てノアに言いました。「君の問題がわかったよ。それに，私にも問題があるんだ。」ノアは彼を見ました。「この時期，店は忙しいんだ。」ブラウンさんは言いました。「お金が貯まるまでここで働かないか？　そうすれば私たちの両方の問題が(②)解決すると思うよ。」ノアは驚きましたが，「ぜひそうしたいです！」と言いました。

彼は週に3日，放課後にその店で働きました。彼は店を掃除したり，重いものを運んだり，顧客のために物を探したりしました。彼は学校と仕事でとても忙しかったです。彼にとって最も困難だったのは店に行くことでした。その店は隣の町にあったため，彼は学校が終わったら店まで45分，仕事が終わったら家まで45分歩いて行かなければなりませんでした。

歩くのは大変でしたが，毎週お金がもらえるので嬉しかったです。また，彼はブラウンさんと一緒に仕事ができて幸せでした。ノアは彼がとても好きで，彼からビジネスやコミュニティについて多くのことを学びました。店は小さいですが，顧客が必要とするものはすべて揃っていました。鉛筆，スプーン，タオルなどの小さなものから，椅子，テレビ，マウンテンバイクなどの大きなものまでありました。地域の人々はこの店を必要とし，愛していました。そういったことは学校では学べないので，とても興味深かったのです。

ブラウンさんもノアが好きでした。最初はノアを助けただけだと思っていました。しかし，彼はノアとの仕事を楽しんでいることに気づきました。ノアは一生懸命働き，いつもフレンドリーで親切でした。顧客も彼を気に入ってくれました。彼らは彼と話すのが楽しくなり，買い物がさらに楽しくなりました。すぐに，ノアは店の重要な部分になりました。

数か月後，ブラウン氏は突然，ノアがすでにギターを買うのに十分なお金を持っていることに気づきました。これはノアが仕事をやめて店を去ることを意味したため，彼は悲しくなりました。それで，③彼は赤いギターについては何も言いませんでした。

ある日，仕事が終わった後，ノアはブラウン氏のところに来てこう言いました。「ブラウンさん，あなたのおかげでたくさんのお金を手に入れました。」ブラウンさんはとても悲しんでいましたが，それを表には出しませんでした。「おめでとう！」ブラウンさんはノアが欲しかったものを手に入れるためにショーウィンドウに向かって歩き始めました。しかしその後，ブラウン氏はこう聞いて驚きました。「ブラウンさん，これが欲しいです。」振り返るとノアは青いマウンテンバイクを指差していました。彼はノアを見て，「(④)ギターが欲しいと思ってたよ」と言いました。

「そうでしたが，今はもっとこれが必要です。」

「何のために？」

「ここに来るためです」とノアは言いました。「あなたと一緒にここで働くのは大好きですが，ここは(⑤)遠すぎるので，これが役に立ちます。これからも働き続けたいと思います。」

ブラウンさんはとても驚いて，何もいいことを彼に言えませんでした。彼は「わかりました」とだけ言いましたが，とても幸せでした。ノアはお金を払いました。「また明日会いましょう」と言って，彼は輝く青い自転車に乗って家に帰りました。ブラウンさんは姿が見えなくなるまで彼を見続けました。

問1　ノアはギターの値段を尋ねた。間接疑問文なので，〈疑問詞＋主語＋動詞〉の形になる。

問2　②「解決する」は solve と表す。　⑤ ノアにとって隣の町にある店まで遠い距離を来るのは大変だった。

問3　ブラウンさんはノアと働くうちに，それが楽しくなっていた。また，ノアは店にとって重要な存在になっていた。そのためブラウンさんはノアに店をやめてほしくなかった。よって，イが答え。イ以外はすべて文中に書かれていない内容なので，誤り。

問4　もともとノアはギターを買うために働くようになった。

問5　ア「ブラウンさんは，ノアがショーウィンドウの前でどう感じたかがわかったので，ノアに仕事を与えた。」「ブラウンさんも音楽は好きでしたが，彼は貧乏だったので若い頃にギターを買えませんでした。彼はその青年を気の毒に思い始め」とあるので，答え。　イ「ノアはビジネスについて学ぶことを決心した後，金物店で働き始めた。」「ビジネスについて学ぶことを決心した」わけではないので，誤り。　ウ「金物店は小さかったので，人々は必要なものを買えなかった。」「店は小さいですが，顧客が必要とするものはすべて揃っていました」とあるので，誤り。　エ「客はノアのおかげで金物店での買い物をより楽しんだ。」「買い物がさらに楽しくなりました」とあるので，答え。

★ワンポイントアドバイス★

2問2(2)には〈so ~ that S can't …〉が使われている。同じ意味は〈too ~ to …〉(…するには~すぎる)でも表すことができる。この文を書き換えると He arrived at the concert hall too late to see his favorite musician となる。

＜国語解答＞《学校からの正答の発表はありません。》

1　(1)　そうてい　(2)　さっしん　(3)　ばくろ　(4)　しんく　(5)　つつし(んで)

2　(1)　取捨　(2)　揮発　(3)　空輪　(4)　関　(5)　言語道断

3　問一　エ　問二　(2)　イ　(6)　ア　問三　ア　問四　ア　問五　X　主体的に選択して築き上げていく　Y　所与の知識命題を効率よく処理する　問六　ウ　問七　生徒エ

4　問一　ウ　問二　ウ　問三　ア　問四　ウ　問五　Ⅰ　イ　Ⅱ　エ　問六　エ　問七　生徒ア

5　問一　イ　問二　X　ア　Y　ウ　問三　X　ア　Y　(例)　敵が野に伏していること　問四　①　軍，野に伏~をやぶる。　②　エ　問五　エ　問六　生徒ウ

○推定配点○

1・2　各2点×10　3　問二・問五　各2点×4　他　各4点×5　4　問五　各2点×2　他　各4点×6　5　問二~問四　各2点×6　他　各4点×3　計100点

＜国語解説＞

1　(漢字の読み)

(1)　本をとじ表紙をつけ，形を整えること。または，その外形のデザイン。「装」を使った熟語はほかに「装置」「装備」など。音読みはほかに「ショウ」。熟語は「装束」「衣装」など。訓読みは「よそお(う)」。　(2)　古いよくないものを取り去って，すっかり新しくすること。「刷」を使った熟語はほかに「印刷」「増刷」など。訓読みは「す(る)」。　(3)　悪事や秘密などが知れること。または，知らせること。「暴」の音読みはほかに「ボウ」。熟語は「暴力」「乱暴」など。訓読みは「あば(れる)」「あば(く)」。　(4)　苦しくつらいこと。「辛」を使った熟語はほかに「辛勝」「辛酸」など。訓読みは「から(い)」「つら(い)」。　(5)　「謹」の音読みは「キン」。熟語は「謹賀」「謹慎」など。

2 (漢字の書き取り)

(1) 「捨」を使った熟語はほかに「喜捨」など。訓読みは「す(てる)」。 (2) 普通の温度で液体が気体になってなくなること。「揮」を使った熟語はほかに「指揮」「発揮」など。訓読みは「ふる(う)」。 (3) 「輪」を使った熟語はほかに「輸送」「輸出」など。 (4) 「関の山」は，うまくいってもそれ以上は期待できない，限界，という意味。音読みは「カン」。熟語は「関心」「関税」など。 (5) 批評・非難の言葉も出ないほどひどい，という意味。「言」を「ゴン」と読む熟語はほかに「遺言」「伝言」など。音読みはほかに「ゲン」。熟語は「言質」「言文一致」など。訓読みは「い(う)」「こと」。

3 (論説文一指示語，文脈把握，四字熟語，語句の意味，脱文・脱語補充，内容吟味，要旨)

やや難 問一 「こういった」が指すのは，直前に示されている，(あらゆる情報は)「ことごとく社会的なメカニズムの一要素とみなされる」という「とらえ方」のことなので，エが適切。

問二 (2) 「五十歩百歩」は，多少の違いはあるにしても，結局たいした違いはないこと。という意味なので，イの「大同小異」が適切。 (6) 「特殊」は，普通のものと違っていること，という意味なのでアが適切。「特殊」の対義語は「一般」。

問三 「かえって」は，予想に反して，逆に，という意味なので，逆接の接続詞「しかし」でつないでいるアが適切。

問四 「個人的意見にすぎません」という表現から感じ取れる姿勢にあてはまるものとしては，「責任を，注釈を入れることで放棄しようとしている」とするアが適切。

やや難 問五 直前に「所与の知識命題の効率のよい処理だけが知識活動である」とあるので，Yは，「所与の知識命題を効率よく処理する」などとする。「知的活動」については，「だが，実際には……」で始まる段落に「もっと大切なのは，手際よく所与の知識命題をあつめることではなく，自分が生きる上でほんとうに大切な知を，主体的に選択して築き上げていくことのはずである」とあるので，Xは「主体的に選択して築き上げていく」などとする。

やや難 問六 「こういう思考法」とは，直前の「ある命題が正しいか否かは，真理から論理的に導出できるかどうかによって判定できるはずである」という思考法のことで，「こういう発想」とは，直前の「真理や公理といった基本的な命題から出発して，つぎつぎに正しい命題を導出するためには，命題が記号で表現され，これを論理的な規則にもとづいて機械的に組み合わせればよい」とする発想を指すので，これらの内容と合致するウが適切。

問七 「生徒エ」は，「聖典に……」で始まる段落に「聖典にしるされた神の聖なる言葉が『真理』であるとすれば，それから正しい命題を演繹するのが神学のつとめということになる。言いかえれば，ある命題が正しいか否かは，真理から論理的に導出できるかどうかによって判定できるはずである」と述べられていることと合致しない。

4 (小説一情景・心情，表現技法，文脈把握，内容吟味，脱語補充，大意)

問一 直前に「ムッとして，勢いのまま怒鳴りこんでやろうかと思った」とあるが，直後の「『山田のホットケーキって，すっげーうめえの。気持ち悪ぃ』」という言葉を聞いて，「影の中に留まることを選んでしまった」とあるのでウが適切。

問二 直後に「僕は思いきって地域のサッカークラブに参加してみた。ヒマな佐藤に誘われるままにプールにも通った。近隣のお祭りと花火大会は網羅したし，……十五キロ先の海水浴場まで自転車で行ったし，宿題はどんどんたまっていった」と具体的な行動が描かれているので，「他の人と同じような行動を取ろうと決意した」とするウが適切。

やや難 問三 直後に「腕に自信があったからじゃない。そういう安堵ではなかった。新しい僕になってもう三回目の調理実習で，僕はうまく失敗できる自信にみなぎっていたのだ」とあるので，アが適切。計画通りにうまく失敗できる自信があった，というのである。

問四　「あの墨をたらしたような染み」とは，「辰美の……」で始まる段落の「なぜか，墨を一滴落としたような染みがじわりと広がっていった」を指す。「黒くて大きな瞳は，臆することなく，ほかの六十個の瞳を見渡していた」という，辰美の堂々とした態度に出会った時の動揺を指すのでウが適切。辰美の態度を見て，自分を偽る弱さに直面したのである。

問五　Ⅰ　「僕と辰美」とあるので，「雲泥の差」が適切。自分の意に反して周囲と同じことをしようとしていた「僕」と，あくまでも自分らしく振る舞う「辰美」との「差」である。

Ⅱ　直後の「ガキ」を表す語が入るので，結果を深く考えずに行動する，という意味の「無鉄砲」が適切。

問六　この時の「僕」の心情は，直後に「僕は心から辰美に謝りたかった。親しくなりたいと思った。心から料理がしたかった。うまくなりたいと思った。……またキッチンに立って，父さんに料理を教えてもらいたかった。父さんに謝りたかった」とあるので，「百合岡さんからも声を掛けてもらえなかったことへの悔しさ」とあるエはあてはまらない。

問七　前に「井上も沢口もニヤニヤしていた。彼ら以外の男子はさすがにうろたえていた。しかしそれもわずかなもので，だれも辰美をかばおうとはしなかった」「わざわざ陰口を叩いて自分を貶めたくはないけれど，少しぐらい痛い目を見ればいいのに」とあることから，「善人」が指すのは「彼ら以外の男子」なので，「吉村の取り巻きの三人」とするアはあてはまらない。

5　**(古文―口語訳，語句の意味，文脈把握，内容吟味，大意)**

〈口語訳〉　源義家が十二年の合戦の後，藤原頼道の元に参上して，戦いの間のことなどを申し上げるのを，匡房卿が念入りに聞いて，「(義家は)力量にすぐれた武者であるが，まだ戦の道を知らない」と独り言を言われたのを義家の家来が聞いて，聞き捨てならぬことを言う人だなと思った。

そうしているうちに，大江殿が出て行くと，すぐに義家も出て行ったので，家来は「このようなことを(大江殿は)おっしゃっていました」と言うと，(義家は)「きっとわけがあろう」と言って，(大江殿が)車に乗られる所に歩み寄って話し合われた。すぐに弟子になって，それ以降，いつも参上して学問をなさった。

その後，永保の合戦の時，金沢の城を攻めたが，一行の雁が飛び去って，刈田の面に降りようとしたが，突然気づいて，乱れ飛んで帰るのを見て，義家は不思議に思って，馬のくつわを押さえて，先年に大江殿が教えなさったことがあった(のを思い出した)。軍が野に伏している時は，飛雁が面を飛び立つ。この野にはきっと敵が潜伏しているだろう。(その時は)相手の背後を攻める軍を回すよう指図されていたので，手分けして三方に分かれる時に，作戦通りに三百余騎を隠し置いていた。両軍は乱れあって戦うこと限りなかった。しかし，かねてよりわかっていたので，義家の軍は勝ち，武衡軍は敗れた。もしも匡房卿の一言がなかったら危なかったと言われている。

やや難　問一　「けやけし」には，際立っている，はっきりしている，こしゃくだ，などの意味がある。ここでは，大江殿が義家について「『器量は賢き武者なれども，なほ軍の道をば知らぬ』」と言っているのを聞いた義家の家来の心情なので，イが適切。

問二　前に「江帥出でられけるに，やがて義家も出でけるに」とあり，続いて「車に乗られける所へ進みよりて，会見せられけり。やがて弟子になりて」とあるので，Xには「源義家」，Yには「大江匡房」が入る。

問三　直後の「将軍」とは，「源義家」のことなので，Xには「源義家」が入る。前に「江帥教へ給へる事あり」とあり，「軍，野に伏す時は，飛雁つらをやぶる。この野にかならず敵伏したるべし」とあるので，「敵が野に伏していること」などとする。

問四　①　江帥(大江殿)が授けた一言にあてはまるのは，前の「軍，野に伏す時は，飛雁つらをやぶる。」。敵が野に伏していることを察知できたから敵に破れることがなかった，というのである。

② 「なからましかば」は，もしなかったならば，「あぶなからまし」は，あぶなかっただろう，という意味になるので，エが適切。

やや難 問五　エは，本文最後に「からめ手をまはすべきよし，下知せらるれば，手をわかちて三方まく時，……」とあることと合致する。義家は，大江殿から授けられた策を講じたのである。

問六　ウは，大江殿に「『器量は賢き武者なれども，なほ軍の道をば知らぬ』」と評されたと知った義家が「『さだめて様あらん』」として，「弟子になりて，それより常にまうでて学問せられけり」とあることと合致する。

★ワンポイントアドバイス★

現代文の読解は，長文を読みこなす力と文脈を丁寧に追う力をつけておこう！
古文は，注釈を参照しながら口語訳できる力と大意をとらえる力をつけておこう！

MEMO

大切なことはメモしておこうネ！

2023年度

★★★★★★★★★★★★★★★★★★★★★★★★

入 試 問 題

2023年度

甲陵高等学校入試問題（前期）

【数　学】（60分）　＜満点：100点＞

【注意】 答えに根号が含まれるときは，根号をつけたままで表しなさい。
また，円周率はπで表しなさい。

1 次の各問に答えなさい。

問(1) $-\frac{1}{9}\div\left\{0.25-\frac{7}{13}\times\left(0.75+\frac{1}{3}\right)\right\}$ を計算しなさい。

問(2) $a^2+\left(-\frac{a^2}{2}\right)^3\div\left(-\frac{3}{4}a\right)^4$ を計算しなさい。

問(3) $x=\sqrt{3}+\sqrt{2}$，$y=\sqrt{3}-\sqrt{2}$ のとき，$\frac{2x^2y^2}{x^2+y^2}$ の値を求めなさい。

問(4) 下の図において，$\angle x$の大きさを求めなさい。

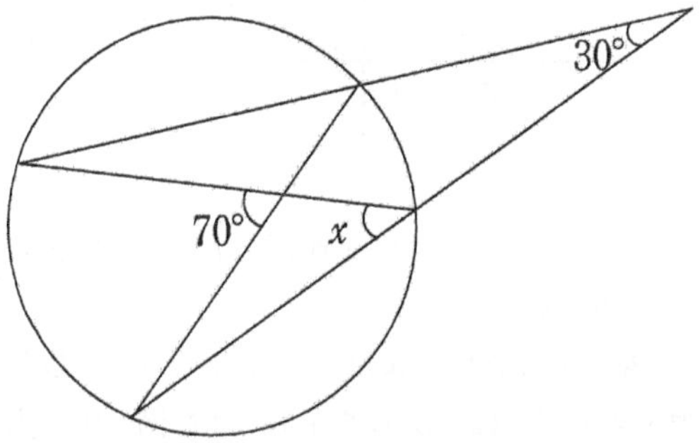

問(5) 平行四辺形ABCDについて，辺BC，CDの中点をそれぞれE，Fとする。
いま，対角線BDと線分AE，AFとの交点を，それぞれP，Qとする。
① 線分の比　PQ：EF　を求めなさい。
② 面積比　△APQ：▱ABCD　を求めなさい。

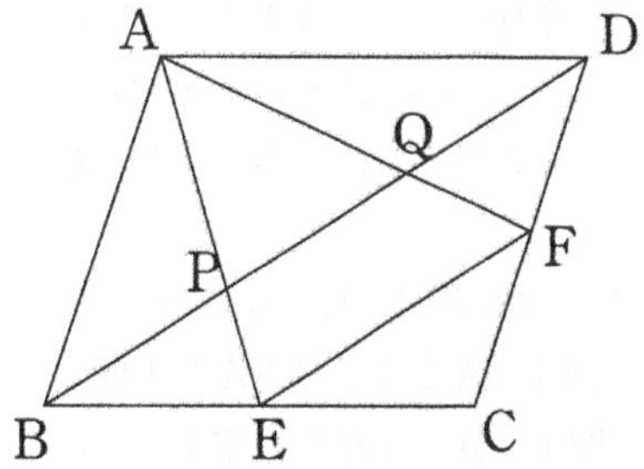

2 容器Aには濃度x%の食塩水100gが，容器Bには濃度y%の食塩水100gが入っている。このとき，次の操作を行う。

操作：BにAの食塩水50gを移し，よくかき混ぜ，その後，AにBの食塩水50gを移し，よくかき混ぜる。

次の各問に答えなさい。

問(1) 1回の操作を行ったときの，A，Bの食塩の量をx，yで表しなさい。

問(2) 操作を2回続けて行う。Aの濃度は1回目の操作を行ったときは16%で，2回目の操作を行ったときは14%であった。x，yの値を求めなさい。

3 図のように，放物線 $y = ax^2$ と直線 $y = bx + c$ との交点をA，Bとし，点A，Bから x 軸に垂線AC，BDをひく。ただし，Aの x 座標は負，Bの x 座標は正である。
AC：BD＝１：９であるとき，次の各問に答えなさい。

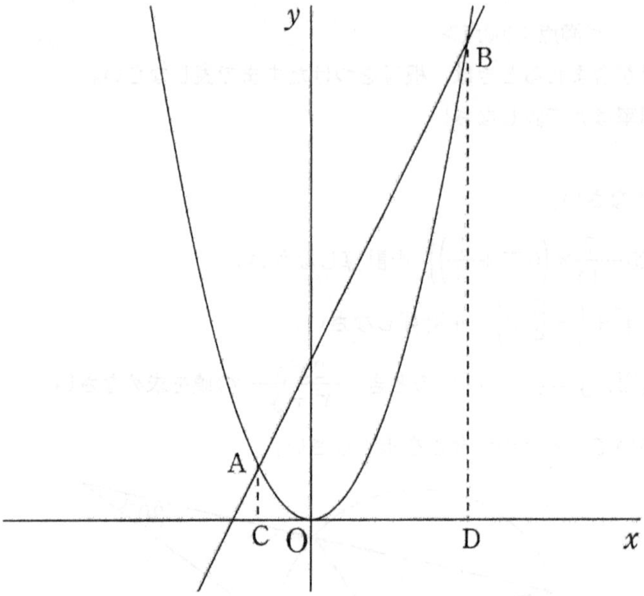

問(1) 点Cの x 座標を $-t$ としたとき，点Dの x 座標を t を用いて表しなさい。
問(2) b を a，t を用いて表しなさい。
問(3) $a = b$ のとき，t の値を求めなさい。また c を a を用いて表しなさい。
問(4) 問(3)のとき，放物線 $y = ax^2$ 上に，次の条件①，②を満たす３点E，F，Gをとる。
条件 ① △ABO＝△ABE＝△ABF＝△ABG
② （点Eの x 座標）＜（点Fの x 座標）＜（点Gの x 座標）
このとき，３点E，F，Gの x 座標を求めなさい。

4 次の各問に答えなさい。
［１］ AさんとBさんが１回じゃんけんをする。
問(1) Aさんが勝つ確率を求めなさい。
問(2) Aさんがグーで勝つ確率を求めなさい。

［２］ Aさん，Bさん，Cさんの３人で１回じゃんけんをする。
問(1) Aさん１人が勝つ確率を求めなさい。
問(2) ２人が勝つ確率を求めなさい。

5　図のように１辺の長さが２の立方体ABCD－EFGHがある。辺FGの中点をＰとするとき，次の各問に答えなさい。

問(1)　AH，PH，APの長さをそれぞれ求めなさい。

問(2)　△APHにおいて，点ＡからPHに垂線AQを引く。PQ＝xとして方程式をつくり，xの値を求めなさい。

問(3)　△APHの面積を求めなさい。

問(4)　△APHを底面とする三角すいG－APHの高さを求めなさい。

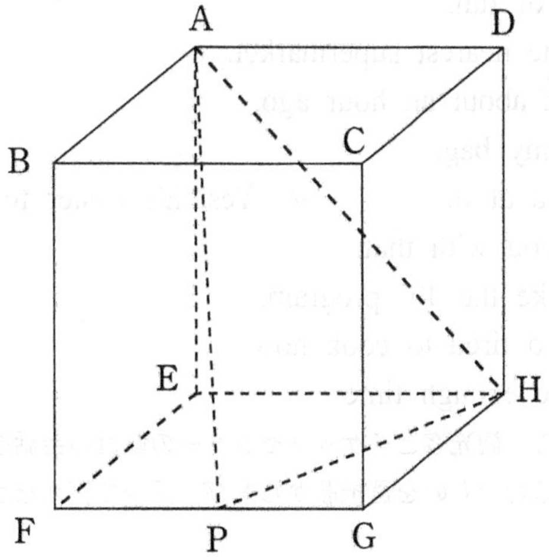

6　次の表は，生徒20人に５点満点のテストを行ったときの結果である。次の各問に答えなさい。

得点	0	1	2	3	4	5
人数	1	2	a	5	b	3

問(1)　得点の平均値が3.1点であるとき，a，bの値を求めなさい。

問(2)　得点の中央値のとりうる値は全部で何通りあるか求めなさい。

【英　語】（60分）　＜満点：100点＞

【注意】　答えを英語で書くときは，ブロック体でも，筆記体でもかまいません。

1　次の各設問に答えなさい。

問1　これから放送される会話を聞き，それに続く応答として最も適切なものを選択肢から選び，記号で答えなさい。会話はそれぞれ1回だけ放送されます。

(1)　ア　Yes, I do.　Thank you.　　イ　Anything is fine.
　　ウ　I had a lot of fun.

(2)　ア　I went to the nearest supermarket.
　　イ　I came back about an hour ago.
　　ウ　It's still in my bag.

(3)　ア　I'm not good at it.　　イ　Yes, it's easier for me.
　　ウ　I can help you with that.

(4)　ア　Because I like the TV program.
　　イ　Well, I'm too tired to cook now.
　　ウ　I didn't have enough time.

問2　これから放送される，観光客とチケットセンターの職員の会話を聞き，その内容に関する各設問の答えとして最も適切なものを選択肢から選び，記号で答えなさい。会話は2回放送されます。

(1)　What is the price of the ticket for an adult?
　ア　12 dollars at the ticket center.
　イ　20 dollars at the ticket center.
　ウ　12 dollars at the museum.
　エ　20 dollars at the museum.

(2)　Where will the woman have lunch?
　ア　At a Chinese restaurant on the street corner.
　イ　At a Chinese restaurant next to the museum.
　ウ　At an Italian restaurant on the street corner.
　エ　At an Italian restaurant next to the museum.

(3)　What did the man say?
　ア　The woman should visit the rose garden on a sunny day.
　イ　The woman can enjoy the roses even in the rain.
　ウ　The woman can buy an umbrella at the museum.
　エ　The woman should go home to get her umbrella.

問3　これから放送される先生から生徒への指示を聞き，その内容に関する以下の各英文の____に入る最も適切なものを選択肢から選び，記号で答えなさい。音声は2回放送されます。

(1)　The main activity in today's class was ________.
　ア　writing　　イ　speaking　　ウ　planning　　エ　reading

(2) On Monday next week, his students will ________.

ア use their own computers

イ communicate with American students

ウ make plans for their weekend

エ leave for the U.S. on a plane

(3) On the weekend, his students need to ________.

ア introduce American culture

イ prepare for Wednesday's class

ウ visit American colleges

エ answer the questions from other students

問４ これから以下の英文が音声で放送されます。[(1)]～[(3)]に聞き取った語句を書きなさい。空欄に入るのはそれぞれ３～４語です。音声は３回放送されます。

Why are you learning English? Do you [(1)]? In fact, a language is more than just a way of communication. It is also [(2)] our culture. Some people say that learning a new language can change how we see the world. We may [(3)] new ideas by learning a new language.

※リスニングの放送台本は非公表です。

2 次の各設問に答えなさい。

問１ 英文の（ ）に入る最も適切なものを選択肢から選び，記号で答えなさい。

(1) The girls (　　) basketball over there are my classmates.

ア play　イ playing　ウ played　エ are playing

(2) I have heard that Jake (　　) around Hokkaido last summer.

ア travels　イ is traveling　ウ traveled　エ has traveled

(3) Taku (　　) as a good English speaker because he lived in the United States for fifteen years.

ア knows　イ doesn't know　ウ is known　エ isn't known

(4) The population of London is (　　) that of Tokyo.

ア small　イ small as　ウ smaller than　エ the smallest in

問２ 次の各組の文がほぼ同じ意味になるように____に入る語を１語ずつ書きなさい。

(1) John is one of my students.
John is a student _____ _____.

(2) We had a lot of rain last week.
_____ _____ a lot last week.

(3) Tom and Taro didn't choose the same topic for the speech contest.
Tom and Taro chose _____ topics for the speech contest.

(4) I can't buy the video game because I don't have enough money now.
If I _____ enough money now, I _____ buy the video game.

問３　日本語の意味に合うように_____に入る語を１語ずつ書きなさい。

(1) 彼は疲れていたので，運転をやめて休憩した。
He was tired, so he _____ _____ and took a rest.

(2) マイクは，３人兄弟の中で最も早く起きた。
Mike got up the _____ _____ the three brothers.

(3) 世界には解決すべき多くの問題がある。
There are many problems _____ _____ in the world.

問４　次の［　］内の語を並べ替えて適切な英文を完成させ，３番目と５番目にあたる語（句）を記号で答えなさい。ただし，文頭にくる語も小文字で示してある。

例　問題　I ［ ア day ／ イ a cup ／ ウ every ／ エ of ／ オ have ／ カ milk ］.
並べ替え　I ［ have a cup of milk every day ］.
解答　　３番目　エ　　５番目 ウ

(1) Cathy’ father thinks that ［ ア a pet ／ イ a wonderful ／ ウ care ／ エ is ／ オ of ／ カ taking ］ experience for children, so he has decided to buy a dog for his daughter.

(2) I was sleepy but I ［ ア didn’t ／ イ finished ／ ウ go to bed ／ エ I ／ オ until ／ カ my homework ］.

(3) I found a good book for you. ［ ア book ／ イ tell ／ ウ everything ／ エ this ／ オ you ／ カ will ］ about Japanese castles.

3　次の英文を読み，各設問に答えなさい。

It was January 12th, 1976. In a theater in London, people were enjoying a *play called The Mousetrap. The play ended and the people started talking about its surprising ending. Suddenly, one actor appeared on the stage. “Ladies and Gentlemen, I have sad news to tell you. Agatha Christie, the writer of this play, died today. The Mousetrap will close for a week to show respect to this great English lady.” The people were too shocked to say anything. They couldn’t believe the news. One by one, the people started to stand up to *pray for the great writer.

Agatha Christie was born in England on September 15th, 1890. When she was a child, she never went to school because her mother wanted her to stay at home. She was very shy and always writing something. When she was eleven, she sent a poem to a local London newspaper. It became her first printed *work. During World War I, she worked as a nurse in a hospital. There she learned a lot about medicine and *poisons. This experience gave her the idea for her first novel. She wrote 66 *detective novels in her life and people call her “The Queen of Mystery.” She also wrote more than 20 plays and one of them is The Mousetrap. Seventy years have passed since it was written and people are still enjoying it at theaters.

The Mousetrap was written as a short radio play in 1951. Later it became a stage play in 1952. At first, they planned to do the play for only eight months. Christie wanted to keep the story secret during those eight months, so she never let newspapers or magazines write about the story. Some people wanted to make it a movie.

（ A ）

So, there is no movie of The Mousetrap even today. The only way to know what happens in The Mousetrap is to see the play with your own eyes.

If you see The Mousetrap, actors will ask you one thing. "Don't talk about this story to anyone who hasn't seen the play yet. Keep it a secret. You are now a part of this play." People love this so much that they never talk about what they saw. They just tell others to go to the theater and see the play. If Christie were still alive, she would be very happy to see how much people enjoy her mystery almost 50 years after her death. How long will the play go on? （ B ） Maybe another 50 years or even 100 years! It's another mystery Christie gave to us.

（注） play 劇　pray 祈る　work 作品　poison 毒　detective novel 推理小説

問1　第1段落の内容と一致するものを選択肢から選び記号で答えなさい。

ア People went to the theater to pray for Agatha Christie.

イ After people heard the news, they started talking to each other.

ウ Christie asked the theater to stop the play after her death.

エ People were surprised to hear the news of the writer's death.

問2　第2段落の内容と一致するものを選択肢から選び記号で答えなさい。

ア Christie didn't go to school because she wanted to stay with her mother.

イ A local newspaper asked Christie to write a poem.

ウ Her experience during the war helped her write a novel.

エ Christie wrote a novel called "The Queen of Mystery."

問3　（A）に入るように選択肢を並べ替えなさい

ア So the theater decided to continue the play.

イ However, she told them they could do that only after the play ended.

ウ It has become more and more popular and still continues now.

エ Eight months passed, but people kept coming to the theater.

問4　第4段落の内容と一致するものを選択肢から選び記号で答えなさい。

ア You can tell others the story if you see the play until its end.

イ You cannot talk about the story if the actors are in front of you.

ウ You can talk about the story if you love the play very much.

エ You cannot tell others the story if they have not seen the play yet.

問5 （B）に入るものを選択肢から選び記号で答えなさい。

ア No one knows. イ Yes, it will.

ウ Christie will decide. エ It is clear.

4 あなたはクラスの留学生 Lukas から次の手紙を受け取りました。この手紙を読み，各設問に答えなさい。

February 19th, 2023

Dear Friends,

It's been almost a year since I came to Japan. I can't believe it! I feel like I only came here a week ago! Before I return to Germany, I'd like to spend time with you and tell you more about my country. So, I'm going to have a party at my host family's house on February 26th. I'll leave four days after the party, so it will be the last event that we can enjoy together.

My host mother, Ms. Hashimoto, and I will prepare some food that most Germans love. One of the most popular snacks is **currywurst**. This is cut sausage with french-fries. This is a little spicy, but I think you'll love it! Another is **brezel**. It's a traditional hard bread from Germany. When we eat it, we usually put salt on it, but at the party, you can also eat it with cheese, sugar, chocolate, or fruit jam. Lastly, we'll make **apfelstrudel**. It's a kind of apple cake. It's from Austria, but we Germans love it!

The party will start at 1pm. If you want to come, please send me an email five days before the party. I'm going to cook everything with Ms. Hashimoto, but we welcome volunteers to help us with decoration. If you can help us, please come at 10am, but please call Ms. Hashimoto three days before the party. Then she'll tell you what to do.

I have one more thing to ask you all. Please bring a bag. I have a present for you!

Hope you can come and see you soon,

Lukas

email: lukaswagner@webmail.com Ms. Hashimoto's tel: 123-4567-890

2023 February

Sun	Mon	Tue	Wed	Thu	Fri	Sat
			1	2	3	4
5	6	7	8	9	10	11
12	13	14	15	16	17	18
19	20	21	22	23	24	25
26	27	28				

問１　次の英文の＿＿に入るものを選択肢からそれぞれ選び，記号で答えなさい。

(1) Lukas ________.

ア came to Japan a week ago

イ has invited his friends to Germany

ウ will leave Japan in February

エ wrote the letter a week before the party

(2) You can enjoy a variety of tastes when you eat ________.

ア currywurst　イ french-fries　ウ brezel　エ apfelstrudel

(3) If you want to help prepare for the party, you must ________.

ア call Lukas

イ call Ms. Hashimoto

ウ send Lukas an email

エ send Ms. Hashimoto an email

問２　パーティーに関して，本文の内容と一致するものを１つ選び，記号で答えなさい。

ア Lukas will give each guest a bag.

イ All the guests will bring a present.

ウ Some guests may come before noon.

エ The volunteers will help with cooking.

オ The party will be held at a German restaurant.

5　次の英文を読み，各設問に答えなさい。

When Ashley was a little girl, she felt happy when she was dancing. When she heard music, her body started to move without thinking. In high school, she was the best dancer in the school dance club. When she danced, everyone looked at her and she liked that. So, when she graduated, she decided to go to New York for a better environment. She believed she would be the best even in a big city.

[①] She felt there were too many great dancers in New York and no one was looking at her. She wasn't given any chance to stand on a stage. For her, there was no meaning if she was not the best. After three years, she decided to give up. She thought, "I will never dance again." Finally, she went back to her hometown.

At home, Ashley was watching TV all day long, and it was so (②). Her mother was at home, but she didn't want to talk to her because she often asked, "What happened in New York?" It wasn't easy for Ashley to talk about it. So, one Sunday afternoon, when her mother asked about New York again, Ashley went outside for a walk. She knew the small town too well and there was nothing interesting. It was clear that walking around the town was more boring than watching TV at home. However, ③ she kept walking around because she knew what was waiting at home.

Finally, she realized she was just in front of her high school. She remembered the hard practice in the high school gym. Her heart hurt. She didn't want to see those school teachers who only knew her as the best dancer Ashley, so she wanted to (④) the place as soon as possible. But something inside her told her to stay and visit the gym. "Maybe it is a good chance to say good-bye to dancing," she said to herself.

When she arrived at the gym, she heard voices from inside. "Ashley?" someone said from behind. She slowly turned around.

"Ashley? Is that you?"

"Ellie?" Ashley said. She was surprised but also excited to meet her old friend Ellie from the high school dance club. "Wow, what a surprise! What are you doing here?" Ashley said. "You'll know if you look inside." Ellie opened the door. Inside, little girls were practicing dancing.

"What? Are you teaching?"

"Yes, I teach kids on Sundays as a volunteer."

"Oh, I didn't know that."

"You are still dancing too, right?"

"Well, actually, I'm not."

She looked surprised but didn't ask why. She just smiled and went back to teaching. Ashley followed, (a)She looked at the kids and (b)their young teacher. The girls were so bad at dancing. They *fell down many times. "One day, they will give up (⑤) me," thought Ashley. But something caught her eye. They were smiling. The girls were not great dancers, but they were all having fun! It was a big shock to Ashley. After entering high school, the most important thing for her was becoming the best, and she wasn't (⑥) dancing. She realized her body was moving to the music. She wanted to dance again. Then, one girl ran to her and said, "Hey, come and join us! It's fun!" "I know it is," Ashley answered and smiled. Then she took the girl's hand and ran to join the group of little dancers.

（注） fall down 転ぶ

問１ ① に入るものを選択肢から選び，記号で答えなさい。

ア Actually, she loved the new environment.

イ New York was an exciting city for her.

ウ However, she wasn't.

エ In fact, she was.

問２ (②) に入る１語を同じ段落から抜き出しなさい。

問３ 下線部③の理由として最も適切なものを選択肢から選び，記号で答えなさい。

ア She wanted to see the changes in the town.

イ　She didn’t want to talk to her mother.

ウ　She needed to visit the high school gym.

エ　She knew the streets very well.

問４　（④）（⑤）に入る語（句）をそれぞれ選択肢から選び，記号で答えなさい。

（④）　ア　remember　　イ　go to　　ウ　leave　　エ　stay at

（⑤）　ア　for　　イ　with　　ウ　to　　エ　like

問５　下線部(a)(b)がそれぞれ指す人物の組み合わせを選択肢から選び，記号で答えなさい。

ア　(a)　Ashley　　(b)　One of the high school teachers

イ　(a)　Ashley　　(b)　Ellie

ウ　(a)　Ellie　　(b)　One of the high school teachers

エ　(a)　Ellie　　(b)　Ashley

問６　（⑥）に入る１語を書きなさい。

【ⅲ】 ア 千銭を落としてもいずれ伊川の手元に戻るから
イ 千銭を落としてもお金はまだあるはずだから
ウ 千銭を落としても別の人が拾って使えるから
エ 千銭を落としてもまた稼ぐことはできるから

② 【ⅳ】に当てはまる言葉を一字で答えよ。

③ 【ⅴ】に当てはまる言葉として最も適当なものはどれか。次の中から選び、記号で答えよ。
ア 簡単に見つけられる
イ 簡単には探し出せない
ウ 他の人が使うことができる
エ 他の人のものにはならない

ア　天地からの恩恵に頼らずにいることへの自負がある
イ　天地が持つ力には誰もあらがうことができない
ウ　天地に対する敬意が失われていく事態を招く
エ　天地の生み出す成果を無駄にするという罪がある

問二　(2)私の利を忘れたり　とあるが、どういうことか。その説明として最も適当なものを次の中から選び、記号で答えよ。
ア　個人の損得はどちらでもよいと思っているということ。
イ　自分が損をしていることに気がついていないということ。
ウ　他人を思いやることを優先しているということ。
エ　目先の利益にとらわれてしまっているということ。

問三　Ⅰ Ⅱ に当てはまる言葉として最も適当なものはどれか。それぞれ次の中から選び、記号で答えよ。
Ⅰ
ア　倹　イ　費　ウ　欲　エ　吝
Ⅱ
ア　心　イ　主人　ウ　天下　エ　私

問四　先生と生徒A、Bが、本文の内容について話し合っている。次の会話文を読んで、後の問い①～③に答えよ。

先生　「坐中」の人たちは、伊川が千銭を落としたことをどのように思っているでしょうか。
生徒A　まず、伊川自身は残念なことだと感じていると思います。
先生　そうですね。「坐中の二人」はどうでしょうか。
生徒B　『さてさて惜しき事かな』の「かな」の意味がわからないよ。
生徒A　〈感動を示すときに使う〉と辞書に書いてあったよ。だから、【 i 】のだと思います。
先生　なるほど。その場には他の人もいますね。「坐中の二人」以外の人はどう言っていたでしょうか。
生徒B　「又一人」が『何ぞ心とするにたらんや』と言っています。これは【 ii 】という意味だと思います。
先生　別の「又一人」は『又何ぞ嘆かんや』と言っていますね。これはなぜでしょう。
生徒A　直前に『人失へば人これを得る』と言っているので、【 iii 】だと思います。
生徒B　それに対して伊川はどう言っているのだろう。
生徒A　続きを読むと【 iv 】に落とした場合と、他の場所に落とした場合とでは状況が異なることを指摘しているね。
生徒B　つまり、普通に落とした場合は【 v 】けれど、【iv】に落とした場合にはそうではないということだね。

①　【i】～【iii】に当てはまる言葉として最も適当なものはどれか。それぞれ次の中から選び、記号で答えよ。
【i】
ア　気にするほどのことではないと慰めている
イ　なぜ残念がるのか不思議に思っている
ウ　他の人はどう思うのか知りたがっている
エ　もったいないことだと共感している
【ii】
ア　気にするほどのことではない
イ　心に残ることだなあ
ウ　大切なことは何だろうか
エ　どれほど心配なことだろう

ら、好奇心でわくわくするという表現だよ。

生徒Ｅ　ふたりで並んで歩くと腕がぶつかり　ともある。きっと、弟に対する誤解を解いた兄が、弟との距離をもっと縮めようと意識していることの表れだね。

生徒Ｆ　結末は、だんだん小走りになって　ってあるよね。早く家に帰りたいという気持ちがどんどん高まっていく様子が表現されているんだよ。

5　次の文章を読んで、後の各問いに答えよ。

倹約と[注1]吝惜《りんしやく》とは(1)わきまへがたきものなり。吝は私欲より出《い》で、倹は天理より出づ。[注2]青砥左衛門《あおとざえもん》の十銭を失ひて五十銭の炬松《たいまつ》を買ひて尋ね得たるのたぐひ、これ天下の費えをいとひ、(2)私の利を忘れたり。　Ｉ　の道なり。異国にもこの例《ためし》あり。[注3]程伊川《ていいせん》、一貫の銭をもつて馬の鞍《くら》につけしむ。宿りにつきて見るに銭なし。[注4]僕夫のいはく、『今朝装ひし[注5]給《たま》ふ所にて[注6]失はずんば、水を渉《わた》る時落とせしもの[注7]ならん』といふ。時に伊川なげき給ひて、『千銭惜しむべし』と[注8]のたまふ。時に坐中《ざちゅう》の二人答へていへるは、『一貫の銭を失ふ事は、さてさて惜しき事かな』といふ。又一人のいへるは、『千銭は微《すこ》き物なり。何ぞ心とするにたらんや』といふ。又一人のいはく、『水中と[注9]嚢中《のうちゅう》と異なる事なし。人失へば人これを得る。又何ぞ嘆かんや』といへり。伊川のいはく、『人これを得る事あらば失ふにはあらず。銭は天下国土に用ある物なり。もし水中に沈みなば、永く世に用ゆる事なかるべし。吾《われ》はこれをなげく』とのたまひしも、青砥左衛門の心とかはる事なし。いづれもその銭を　Ⅱ　の為《ため》に惜しみたるものなり。一粒の米、一枚の紙も、無用に費やし失ふは則《すなは》ち天下の用物を費やし失ふ道理なれば、(3)天地造化の功をそこなふの咎《とが》あり。

（西川如見「町人嚢」による）

注1　吝惜→むやみに金品を惜しむこと。
注2　青砥左衛門の十銭を～得たる→『太平記』にある話。夜、川に十文の銭を落とした青砥左衛門が、五十文の銭で買ったたいまつの明かりで、落とした銭を探し出した。「文」「貫」は通貨の単位であり、千文で一貫である。後に出てくる「一貫の銭」と「千銭」は同額である。
注3　程伊川→中国北宋時代の儒学者。伊川先生と称された。
注4　僕夫→男の召使い。
注5　給ふ→～なさる。敬意を示す語。
注6　失はずんば→失ったのでなければ。
注7　ならん→～であるだろう。「ん」は推量を表す。
注8　のたまふ→おっしゃる。
注9　嚢中→袋の中。

問一　(1)わきまへがたきものなり　(3)天地造化の功をそこなふの咎あり　の解釈として最も適当なものはどれか。それぞれ次の中から選び、記号で答えよ。

(1)わきまへがたきものなり

ア　区別することが難しいものである
イ　持続させることが難しいものである
ウ　実践することが難しいものである
エ　両立させることが難しいものである

(3)天地造化の功をそこなふの咎あり

えている。

問四　(3)大きな声で勢いをつけてそう言った　とあるがこの時の「僕」の説明として最も適当なものを次の中から選び、記号で答えよ。

ア　弟だけが悪いわけではないという思いを抑え、なんとか許しを得るために、子どもらしい無邪気さを装っている。

イ　弟と波多野君の仲を取り持つためにも、父親の代わりとしてしっかり謝罪をしようと気負っている。

ウ　自分の方が大人であると弟に示すために、兄として格好良いところを見せようと虚勢を張っている。

エ　波多野君の家族から弟の非を責められるであろうと予想し、きちんと対応できるように身構えている。

問五　(4)悟志の声がいつもの生意気な強さになっている　とあるが、なぜか。最も適当なものを次の中から選び、記号で答えよ。

ア　兄に頼りがいがあると感じ始めていたが、あまりにも的外れな指摘を聞いたことで、その気持ちが消え、普段通りの気安さを取り戻したから。

イ　けがをさせたことへの謝罪が済み、真相を知った波多野君の姉から謝罪を受け、兄も状況を理解してくれて、様々なわだかまりが解け、心の余裕が生まれたから。

ウ　波多野君の姉が説明してくれたことで、祖母と母の関係が悪いことがいけないのであり、自分は間違っていなかったのだということが確認でき、自信を取り戻したから。

エ　波多野君の仏頂面に納得がいかずにひそかな怒りを抱えて歩いていたが、波多野君の姉が代わりに謝罪をしてくれたことで、寛容な心を持ち続けることの大切さに気づいたから。

問六　(5)「寒いから、窓は開けなくてもいいよな」　という言葉に込めた「僕」の気持ちを表したものとして最も適当なものを次の中から選び、記号で答えよ。

ア　疲れている弟を今夜は早く休ませたい。

イ　友達にけがをさせた日に楽しむのは控えよう。

ウ　豆まきの声が外に漏れるのは恥ずかしい。

エ　我が家では「鬼」を追い出さずにいていい。

問七　次の会話文は、本文の表現と内容について生徒たちが話したものである。本文を踏まえた発言として**適当でないものを二つ**選び、A～Fの記号で答えよ。なお、**生徒A～F**の発言の波線部は本文からの引用である。

生徒A　二人で歩く場面の表現は兄弟の関係がよくわかって印象的だな。素直に僕の後ろをついてきた　という部分からは、強い気持ちの兄と、どことなく引け目を感じている弟との対照がはっきり読み取れるね。

生徒B　こんどは悟志と横並びになって歩き始めた　というところは、感じていた引け目が消えた弟が、兄に並ぶっていう場面だよね。

生徒C　次の、またふたりで並んで歩き始めた　のところは変わらず並んでいるけれど、先にあった横並びよりも、気持ちが明るいということになるだろうね。兄弟の会話の場面からもわかるよ。

生徒D　会話の後の急ぎ足で家に向かった　にも注目だね。二人とも気持ちが弾んでいて抑えきれないのだろうね。夜で道が暗いか

「悟志の受験のときも、そうするといいぞって教えてやってんだろ」

「まだ二年もあるけど、いちおう覚えておくよ」

「悟志、なんの食べ物のこと考える？」

「んー、寿司《すし》かな」

「そこは、お母さんの手料理だろ？　あれだけ庇ってもらって」

「じゃあ、お母さんのコロッケかな」

「僕は断然、クリームシチューだな」

夕飯で食べたばかりなのに、またすぐにでも食べたくなった。

受験が終わった日の夕飯に、クリームシチューを頼んでおこうと思った。

耳が痛いほど冷たく、毛糸の手袋をはめた両手で覆った。それを見て悟志も真似《まね》をした。

(E)ふたりで並んで歩くと腕がぶつかり、悟志がわざと押してくる。僕は滑って転びそうになったから、仕返しに悟志の腕を押し返した。悟志がよろけたり、僕がよろけたりの押し合いをしながら、(F)だんだん小走りになって家に向かった。

雪の夜道は街灯が頼りなく灯《とも》って見えるけれど、雪明かりが僕らの行く道を、ずっと先まで明るくしてくれていた。

（神田茜「クリームシチュー昭和六十一年」による）

問一　(1)洟をすする音が聞こえてきた。悟志は泣いているらしい　とあるが、「悟志」の涙の理由を説明したものとして**適当でないもの**を次の中から一つ選び、記号で答えよ。

ア　兄に真相を知られたことを恥ずかしく思ったから。

イ　一方的に責められていることを切なく感じたから。

ウ　友達にけがを負わせたという罪悪感があったから。

エ　母親についてからかわれた悔しさが思い出されたから。

問二　Ⅰ　Ⅱ　に入る言葉として最も適当なものはどれか。それぞれ次の中から選び、記号で答えよ。

Ⅰ

ア　かじかんだ　**イ**　ぬかるんだ

ウ　まどろんだ　**エ**　よどんだ

Ⅱ

ア　頭を下げている　**イ**　首をかしげている

ウ　頬をゆるめている　**エ**　胸をふくらませている

問三　(2)「悟志、今日はお前が届けに行けよ」とあるが、この時の「僕」の考えはどのようなものか。最も適当なものを次の中から選び、記号で答えよ。

ア　以前、村田にけがを負わせたとき、父親が謝罪に連れて行ってくれたことを思い出し、今度は長男である自分が父親に代わって、弟を謝罪に連れて行こうと考えている。

イ　家族の前では弟をかばっておきながら電話で謝罪の言葉を伝える母親の変わり身の早さにあきれ、大人に頼らずにきちんと謝罪ができることを示そうと考えている。

ウ　すぐに謝罪できずに後悔を抱えていた過去をふいに思い出し、弟に同じ後悔をさせないように一刻も早く謝罪できるきっかけを作ろうと考えている。

エ　母親が弟を甘やかして謝罪させないでいることに不満を感じ、まずは家の手伝いを担当させることで兄として弟の成長を促そうと考

「そんなわけないだろ」
(4)悟志の声がいつもの生意気な強さになっている。
「さっき祖母ちゃんさ、シチュー、喜んでたか?」
「いいや、迷惑そうな顔してた」
「そうだろ」
「うん」
　以前見てしまったことがある。ロールキャベツを届けに行くと、一週間前に届けたシチューがそのまま台所の床に置かれていた。祖母はそれをゴミ袋に捨てて、鍋だけ洗ってよこした。「年寄りには味が濃いんだ」と言いながら。悟志もそれを知ってしまったか。
「せっかく作ったのに、食べないのかな」
「うん。でも、お母さんに言うなよ」
「わかった」
　祖母は波多野さんのお母さんがやっている美容院で「うちの嫁は鬼みたいで」と話していたのだろう。それを聞いていた波多野君が「お前の母ちゃん鬼なんだな」とでも悟志に言って、なにも知らない悟志は思わずカーッとなってスコップを振り回してしまったということらしい。
　ちゃんと教えてあげよう。父親が僕に教えてくれたときのように、風呂に入って落ち着いてから。悟志は一緒に風呂に入ってくれるだろうか。風呂を嫌がったら、二段ベッドの下の段から話して聞かせよう。
(D)急ぎ足で家に向かった。アスファルトの歩道に出ると薄氷が張っていて、気を抜くと転びそうだ。
　道沿いの家から、カーテンを開ける音と窓を開く音が聞こえてきた。軒下が蛍光灯で照らされ、姿は見えないがひとの声がする。
「鬼はーそとー、鬼はーそとー」
「あーさぶ」
「はやく閉めてよ」
　硬くなった雪の表面に、豆がいくつか落ちる音が鳴り、すぐに窓が閉められ、カーテンも閉じられた。
「そうだ悟志、帰ったら豆まきだ」
「ああ、そうだった」
(5)「寒いから、窓は開けなくてもいいよな」
「うん」
　鬼なんて言葉は嫌なことを思い出すから使いたくはない。鬼なんかうちにはいないと思う。いや、いても別にかまわない。ふつう、どこの家にも鬼と福の神はセットでいるものではなかろうか。親のどっちかが鬼だったら、どっちかが福の神だとか、そんなセットで。
「お母さん、心配するから、早く帰ろう」
「うん」
「ちょっとでも遅くなったら玄関前に立つからな。仁王立ちで」
「そうだよな」
　顔を上げて、悟志は白い息を吐いて笑った。
　明日になると、受験日まで十七日だ。
「受験のときにな、緊張しないように、好きな食べ物のことを考えるといいんだって。村田が教えてくれた」
「お兄ちゃんは、気が小さすぎなんだよ」
　いつもの生意気な言い方に戻ったと思ったら、また腹が立つようなことを言い始めた。

かりがもれていた。毛糸の手袋を外し指でブザーを鳴らすと、食事中だったのか口をもぐもぐさせながら波多野さんのお母さんが戸を開けてくれた。

「日吉です」

「ああ、日吉君」

「あの、弟がすいませんでした」

(3)大きな声で勢いをつけてそう言った。

「あらまあ、わざわざ来てくれたの？　純ー、ちょっとー」

奥に向かって波多野君を呼ぶと、耳の上に大きな絆創膏《ばんそうこう》を貼《は》った姿で現れた。

「あ、ごめんね、あの、弟がちゃんと謝りたいって」

後ろにいた悟志の腕を引っぱると、硬くなりながらも僕の前に来て「ごめん」と頭を下げた。波多野君は仏頂面《ぶっちょうづら》で「うん」と頷《うなず》いた。

「まあまあ、寒いからいいのに。気をつけて帰ってね」

頭を深く下げて僕はドアを閉めた。緊張が解けて、全身の力が抜けた。今になって胸がドキドキしていたことがわかった。

「よかったな」

「うん」

悟志も　Ⅱ　。ほっとしているということは、すごく気にしていたのか。嘘をついてしまったことを後悔して、どうしたらいいかわからなくなっていたのだろう。

早く帰らないと母親が心配してしまう。来た道を、(B)こんどは悟志と横並びになって歩き始めた。

「日吉くーん」

後ろから波多野さんの声だ。振り向くと防寒着も着ていない波多野さんが、緑色のセーター姿で走ってきた。足元だけ青の長靴だ。

「ごめんね」

僕らの近くまで来ると、体を前に折り曲げてそう言う。

「いや、悟志がわるいんだから」

「違うの」

「え？」

吐く息で波多野さんの顔に霧がかかったように白くなる。

「純がひどいこと言ったって白状した」

「ひどいこと？」

「うん。うちのお母さんの美容院に、日吉君のお祖母ちゃんも来るじゃない。それで、ほんの冗談で日吉君のお母さんのこと、うちの嫁はどうのこうのって話して、それを純が聞いて、悟志君に言ってからかったんだって。そりゃあ怒るよね。ごめんね、悟志君」

本当だろうかと悟志を見ると、俯《うつむ》いたまま更にアゴを引いて頷いた。波多野さんは鼻の頭を赤くして僕にまで「来てくれてありがとう」と礼を言う。

「寒いからもういいよ」

「うん。じゃあね、明日ね」

そう言って波多野さんは背を向け駆けだしながら、寒そうに肩をすくめセーターの袖を引っぱって手を入れた。

見送ってから(C)またふたりで並んで歩き始めた。体が冷え切っているから早く家に入りたい。

「波多野君と、女子の取り合いになったのかと思った」

いいやつなのに」と、村田に申し訳ない気持ちになった。

父親は母親から事情を聞いても、どちらかに味方するようなことは言わなかった。でも村田酒店の店先で村田の親父さんの前に立ち、「うちの息子がすみませんでした」と深々と頭を下げていた。

あれから小学校六年生までと中学の三年間、村田とずっと友達でいられた。あんな流血事件があったことなど忘れそうになっていた。

夕飯は僕が大好きな、やわらかい鶏肉《とりにく》がたくさん入ったクリームシチューだった。コーンの黄色と人参《にんじん》の赤の彩《いろど》りがきれいで、そこも好きだ。悟志はちゃんとご飯は食べているが、ほとんど喋《しゃべ》らなかった。

「シチュー、祖母《ばあ》ちゃんちに、持って行く?」

「うん、たくさん作ったからあとで持って行って」

週に一回くらい、シチューやカレーやロールキャベツを鍋ごと風呂敷《ふろしき》に包んで届けに行く。たいてい僕が行く。祖母があまり喜ばないから、そんな様子を悟志に見せないほうがいいだろうと、勝手に考えていた。

(2)「悟志、今日はお前が届けに行けよ」

「なんでだよ」

「家の手伝いだよ。それくらいしろよ」

いつもなら僕に言い返して逃れようとする悟志が、今日は大人しく従うようだ。

夕飯の食器を台所に下げてから、悟志は風呂敷に包んだシチューの鍋を母親から受け取って出かけて行った。十分ほどしてから僕は「村田に貸したノートを取りに行ってくる」と母親に言ってオーバーコートと手袋を着込み長靴を履いて家を出た。

計算通り、悟志が夜道を向こうから帰って来るところだった。

「おい、悟志、波多野君に謝りに行くぞ」

「え?」

「謝りに行くんだよ」

「うん……」

(A)素直に僕の後ろをついてきた。波多野さんの家は駅前の床屋だ。お父さんが床屋さん、お母さんが隣の店で美容師をしている。歩いて七、八分くらいか。

昼間でも寒いのに、夜の空気は顔面に刺さるように冷たい。鼻の穴のなかが冷気でピリピリする。

父親がいるときであったら、今日のこともぜんぜん違ったのだろう。先生たちが家に来て、謝ったほうがいいと言われたときに、父親ならすぐに悟志を連れて謝りに行ったはずだ。母親が悟志はわるくないと庇ったとしても、やっぱり父親は波多野君の家で頭を下げると思う。

母親はちょっと極端な性格で、バランスがわるいのだ。好き嫌いがはっきりしていて、それが行きすぎてしまうことがある。小さいころはわからなかったけれど、最近はそんな気がしている。だから父親が間に入ってバランスをとってくれるとちょうどいい。母親と祖母の仲も、きっと父親が不在だったせいでわるくなっただけなのではないだろうか。

悟志も僕もなにも喋らないので、長靴で凍った雪を踏む音だけが重なって鳴る。昼間の雪よりも硬くなった夜の雪は、踏む音が高音に聞こえる。

床屋と美容院の明かりはもう消えて、勝手口のほうのドアの窓から明

もらって、それで嬉《うれ》しいか？　お母さんが恥かくことになったじゃないか」

しばらく布団は動きもせず、寝てしまったのかと思ったが、(1)洟《はな》をすする音が聞こえてきた。悟志は泣いているらしい。やっぱり嘘をついていたのだ。

やる気が出るまでとりあえず英単語を復習しようと単語帳を開いたが、どうも頭に入ってこない。波多野さんの家では今どんな話になっているのか。うちの親たちや悟志のことをとやかく言っているかもしれない。こんなときに長男ならばどうするべきか、なんとか考えてみようと思うが、答えがぜんぜん思いつかない。

同じような経験がなかったか考えているうちに、ふいに思い出すことがあった。ずいぶん前、確か、僕が小学校三年になったばかりの春ぐらいだ。

暗くなってから父親に連れられて雪解け水で［　I　］道を歩いた。村田酒店に向かって。そのころから赤い顔をしていた村田の親父《おやじ》さんに、うちの父親が頭を下げて謝った。

その場面は強烈でよく憶《おぼ》えているが、理由を忘れかけていた。

僕がケガをさせた……。

そうだ。あれは村田がガラスで手の甲を切ったのだった。小学校のトイレの引き戸だ。細長いガラスがはまっている戸だった。

休み時間になって走ってトイレに行くと、先に着いた村田がふざけて引き戸を閉めて、僕を入れさせまいとした。僕は開けろよと戸を叩《たた》いて、村田は内側から戸を押さえ、それで戸にはまっている細長いガラスがパリンと割れた。つぎの瞬間には村田の手の甲に三センチくらいの赤い線ができていて、すぐに駆けつけてきた先生に、怪我《けが》をした手を頭の上まで持ち上げられて保健室へ連れて行かれた。

僕はぼうっとしてしまい、はっと気づくと近くにいた同級生たちが僕のことをじろじろと見ていた。自分がわるいことをしたとはすこしも思わなかったのに涙が流れてきて、僕はみんなの前で泣いてしまった。僕が村田にケガをさせたとみんなに責められているような気がしたからだ。

今回の悟志と同じじゃないか。僕も流血事件を経験していた。血を見ると周りの人間は加害者と被害者を勝手に判断するのだ。血を流しているほうが被害者で、もう一方が加害者。

あのとき僕に声をかけてくれるようなひとは誰もいなかった。学校にいる間ずっと犯人を見るような目で見られて、陰口を言われているような気がした。今思えば被害妄想というやつで、みんなが敵に見えたのかもしれない。家に帰ってからやっと信じてくれるひとが現れて心底ほっとした。母親だ。

「そう。村田君がふざけて戸を閉めたから、啓太が開けようとしているうちにガラスが割れたのね。それは村田君がわるいわ。啓太はなにもわるくない。啓太も危なかったのにね。もう、村田君はどうしてそんな意地悪するのかしら」

説明を聞いて母親は全面的に僕の味方になってくれた。夜になって帰って来た父親に、母親がその日あったことを話し、そのあと僕は父親に連れられて村田の家まで謝りに行った。出かけるときにも母親は「啓太はわるくないのよ」と、父親に訴えていた。あんまり母親が村田のことを悪者にするから、僕は胸のうちで「村田はいつも仲良くしてくれて、は、おおむねこういった理由による　とあるが、どういうことか。最も適当なものを次の中から選び、記号で答えよ。

ア　「キャラ」の設定は本人の自己認識とは関係なく行われるため、本当の自分とコミュニケーション上の「キャラ」との間にギャップがあっても、自分を偽り続けなければならないということ。

イ　「キャラ」を大事にするコミュニケーションにおいて大切なのは「キャラの相互確認」であるため、情報の内容そのものには重要性を感じなくなるということ。

ウ　現代の若者は、コミュニケーションを「キャラ」の通じる仲間内ばかりで行っているため、その他の人と接する機会が少なく、成長する意欲を失っているということ。

エ　コミュニケーションを過度に重んじる現代の若者は、「キャラ」の固定が円滑で心地よいコミュニケーションを可能にしているという理由で、変化することを避ける傾向にあるということ。

4　次の文章を読んで、後の各問いに答えよ。

> 中学三年の「僕」（日吉啓太）は父親・母親・弟との四人家族で、父親は出張が多く留守がちである。「僕」は父親から、母親と祖母は折り合いが悪いと聞いている。
>
> ある日、同級生の波多野さんと教室で掃除をしていた「僕」は、外の騒ぎで波多野さんの弟がけがしたことを知る。その加害者は「僕」の弟、悟志であった。夕方、先生が家に来て波多野家に謝罪に行くことを勧めたが、母はそれを拒んだ。

先生たちは憮然《ぶぜん》としながら帰って行った。ふたりだけで波多野君の家までお見舞いに行くそうだ。僕は母親も一緒に行けばいいのにと思ったが、母親は当然というように玄関で先生たちを見送るだけだった。

いつもの三人だけの家に戻ると、急に受験勉強のことを思い出した。こんなことをしている場合ではない。でも今ごろ車のなかで先生たちは、我が家のことを話しているだろうかと気になった。父親が留守がちな家だからとか、子どもに厳しくできない母親だからとか。

「悟志は？　ケガはなかったの？」

「うん」

母親はまだそんなことを言って、悟志を過保護に扱っている。

「どうして先生って、謝ることばっかり言うのかしらね。ふざけていただけなんだから、平等に扱ってほしいわよね。悟志が嘘《うそ》ついてるみたいに言って、本当に腹が立つわ」

ひとり言みたいに言いながら母親は居間を片づけ、僕は二階の部屋に入って勉強を始めたが、なかなか集中できない。同じ部屋の二段ベッドの上の段では悟志が布団《ふとん》を被《かぶ》って丸くなっている。

階段の下から波多野さんの家に電話している母親の声が聞こえてくる。先生たちの前では強気なことを言っていても実際は「すみませんね、危ないものを振り回してしまって。男の子は乱暴ですから」などと、謝っているような言い方をしていた。悟志にも聞こえているはずだ。

「おい、悟志、なんで嘘つくんだよ」

ベッドの上の段に向かって言ったが返事はない。

「本当はお前がカーッとなって手を出したんだろ？　けんかだったんだろ？　手を出したほうがわるいんだぞ。お母さんのこと騙《だま》して、庇《かば》って

ウ　将来に希望を持てないことが、現状に対する若者の満足度の高さにつながっているということは意外である。

エ　若者が現状に不満を持ちながらも、未来には希望を持っているということは矛盾している。

問四　(3)古市と筆者との見解の違いはこの点である　について、**先生**と**生徒A**、**B**が話している。次の会話文を読んで、後の問い①～④に答えよ。

先　生「古市と筆者との見解の違い」とはどういうことか、話し合ってみましょう。

生徒A　見解の違いって、つまり【　i　】の理由に対する考えが違うということだよね。古市さんは内閣府の世論調査の結果を参考にしている。そのデータの中でも【　ii　】年と【　iii　】年との差に注目していたよ。

生徒B　二〇代男子の生活満足度は約【　iv　】%上昇して、【iii】年の時点で過去最高になったことが明らかになったと言っているよ。この結果を受けて古市さんは【i】の理由について自分の考えを述べているんだね。

生徒A　私は古市さんの考えに納得したな。でも筆者は古市さんの考えに納得していないよね。

生徒B　さらに続きを読んでいくと、筆者は臨床経験に基づいて自分の考えを述べているよ。

先　生　よく読めていますね。それでは、古市と筆者の考えを表にまとめてみましょう。

〈表：【i】の理由〉

古市の考え	【v】
筆者の考え	【vi】

①　【i】に入る言葉として最も適当なものを次の中から選び、記号で答えよ。

ア　自分は不幸だと若者が感じていること

イ　将来に希望をもてない若者が多いこと

ウ　若者が幸福を実感していないこと

エ　若者の生活満足度が高いこと

②　【ii】～【iv】に入る数字を、それぞれ答えよ。

③　納得していない　とあるが、筆者が古市の見解に納得できない理由として**適当でないもの**を次の中から一つ選び、記号で答えよ。

ア　希望や幸福といった言葉の定義や意味が変化していると考えるから。

イ　現在の状況を不幸だと感じている若者に対する調査が十分に行われてはいないと考えるから。

ウ　自身の臨床経験により、今が不幸だと考える若者は未来に希望をもっていると知っているから。

エ　若者の幸福度が上がっていることとうつ病の若者が増えていることとは矛盾するから。

④　表の【v】【vi】に入る適切な説明を、それぞれ本文の言葉を用いて十～二十字で答えよ。ただし、句読点も一字と数える。

問五　(4)コミュニケーション偏重が変化の断念をもたらすというの

に」調整がなされているのだという。

「キャラ」とは、コミュニケーションの円滑化のために集団内で自動的に割り振られる仮想人格のことだ。「いじられキャラ」「おたくキャラ」「天然キャラ」など、必ずしも本人の自己認識とは一致しない場合もある。どんな「キャラ」と認識されるかで、その子の教室空間内での位置づけが決定するため、「キャラを演ずる」「キャラを変えない」という配慮が必要となる。

「キャラ」によるコミュニケーションの円滑化とは、相手のリアクションを予想しやすくするという意味もあるが、さらに重要なのは、しばしばコミュニケーションが「キャラの相互確認」に終始することがあるからだ。「お前こういうキャラだろ」というメッセージを再帰的に確認し合うこと。それは情報量のきわめて乏しい「毛づくろい」にも似ているが、親密さを育み承認を交換する機会としては最も重要なコミュニケーションでもある。

この種のコミュニケーションの快適さになれてしまった若者たちは、自らに与えられた「キャラ」の同一性を大切にする。成長や成熟を含むあらゆる「変化」は、「キャラ」を破壊し仲間との関係にも支障をきたしかねないため忌避されるようになる。(4)コミュニケーション偏重が変化の断念をもたらすというのは、おおむねこういった理由による。

注1　ワーキングプア→働いているのにもかかわらず貧困状態にある人。

注2　グローバリゼーション→政治・文化・経済が国や地域を超えて地球規模で拡大している様子。

注3　新自由主義→経済は市場の自由な競争によって発展するという考え方。

注4　先ほど筆者が取りあげた問題→この本文より前の部分で筆者は、若者が変わらなさを確信していることを述べている。

注5　アフィリエイト→インターネットを利用した広告宣伝のこと。宣伝の成果に応じて広告料が手に入る。

問一　Ⅰ ～ Ⅲ に当てはまる言葉として最も適当なものはどれか。次の中からそれぞれ選び、記号で答えよ。

ア　しかし　　イ　たとえ　　ウ　つまり

エ　ところが　　オ　なぜなら　　カ　または

問二　(1)いささか混乱した印象をもたらす結果　とあるが、「混乱した」と言えるのはどのような点においてか。その説明として**適当でないもの**を次の中から一つ選び、記号で答えよ。

ア　今の生活に満足している若者がいる一方で、不満を抱く者も多く、対立が生まれている点。

イ　現代の若者は不幸だと一般的に論じられているのに、若者の多くは世論調査に幸せだと答えている点。

ウ　社会状況が良いとは言えない中で、若者の生活満足度は高くなっている点。

エ　若者が生活や社会に対して肯定的な感情を抱きながら、不安も感じている点。

問三　(2)この説明は意表をついている　をわかりやすく言い換えたものとして最も適当なものを次の中から選び、記号で答えよ。

ア　今の生活にしか目を向けていない若者が現状に満足しているということは正論である。

イ　現状に不満を抱いている若者ほど今より幸せになれるだろうと考えているということは予想通りである。

ば、今「不幸」を感じている若者たちは将来に希望を持っているはずである。しかし、この点については何も述べられていない。あるのは七〇年代に不幸を訴えていた若者には希望があった、という印象論のみである。

しかし私自身の臨床経験から補足するなら、「不幸」な若者たちもまた、「幸福」な若者と同様に、「変化」の可能性を信じていない。つまりこういうことだ。今の若者における「幸福」も「不幸」も、「変化」の断念によってもたらされ、強化されているだけなのではないか。

それでは、何が若者の「不幸」と「幸福」を分けているのか。

おそらくそれは「仲間」の存在である。

再び古市の著書に戻るなら、彼は二〇一〇年に内閣府が行った「国民生活選好度調査」の結果を引用している。ここで「幸福度を判断する際、重視した事項」について、一五～二九歳の若者の六〇・四％が「友人関係」と答えていた。これは他の世代に比べても突出して高いという。

これは別の言い方をすれば「コミュニケーション」と「（仲間からの）承認」こそが、若者における幸福の条件、ということになる。ひきこもりの臨床経験からいいうることは、多くの若者（に限らないが）は、たとえ経済的には不遇であっても、コミュニケーションと承認さえあれば、そこそこ幸福になれてしまう、という事実である。

むしろ現代にあっては、幸福の条件としての「コミュニケーションと承認」の地位が高くなりすぎた。

それらはある種の若者たちにとっては、いつでも無料でたやすく手に入れられるリソースであると同時に、いわゆる「コミュ障」の若者にとっては、どれほどコストをかけても手に入らない対象でもある。筆者にはこのギャップこそが、若者における「幸福」と「不幸」を分かつラインに思われてならない。

現代の若者は「承認」のために働く。それは仕事仲間からの承認、ということだけではない。例えば二〇代半ばを過ぎても就労していないという状況はかなり「ヤバい」。人としての義務を果たしていないからヤバいのではない。食えなくなるからヤバいわけでもない。就労していないことで仲間から承認が得られず、むろん異性からも受け入れられなくなってしまうことがヤバいのだ。

逆に、たとえニートであっても、仲間さえいれば幸せに生きていける。一部の自覚的なニート青年たちは、ネットを巧みに活用しながら、就労せずに生きていく道を選んでいる。たしかにインターネットは、手間と労力さえ惜しまなければ、誰でもそこから金銭を生み出すことが可能な場所だ（懸賞、募金、オークション、〔注5〕アフィリエイトなど多様な手法がある）。にもかかわらず、多くの若者が就労を望むのは、「仲間と同じ」であることが価値をもつためでなければ何だろうか。

ここで問題となるのは、まさに「コミュニケーション偏重」の風潮こそが、「変化の断念」をもたらしているのではないかと考えられるからだ。

詳しく述べる余裕はないが、若者のコミュニケーションと「キャラ」とは、切っても切れない関係にある（拙著『キャラクター精神分析―マンガ・文学・日本人』ちくま文庫、二〇一四年）。例えばここ数年ほど、学校空間における「キャラ」の重要性については、さまざまな立場から指摘されつつある。ある調査によれば、教室には生徒の人数分だけの「キャラ」が存在し、それらは微妙に差異化されながら、「キャラがかぶらないよう

(2)この説明は意表をついているぶん、一定の説得性がある。

Ⅱ、ここであえて異論をさしはさんでおこう。古市が指摘するように、現代の若者が「今、ここ」の幸せに充足感を覚えているのが事実であるとすれば、なぜ若い世代の「うつ病」が増加傾向にあるのだろうか？　もちろん満足度や幸福度とうつ病の有病率が直接に相関関係をもつとは限らないから、これはあくまで直観的な疑問である。

筆者はむしろ、ここに示されている「幸福度」や「満足感」、あるいは「希望」といった言葉の意味や定義そのものの変質が重要であるように思われる。いずれもきわめて曖昧な言葉であるためだ。

古市は希望がないからこそ幸福になれると指摘するのだが、例えば「希望がもてる状態こそが幸福」という言い方もできる。筆者の実感としても、希望と幸福を区別することにはかなり抵抗がある。

もう一点、若い世代（に限らないが）のひきこもり事例を診てきた立場からすれば、彼らの不幸を作り出しているのもまた、未来への展望のなさ、すなわち「絶望」であることは確実である。

内閣府調査の手法からみても、回答者にニートやひきこもりの若者が含まれている可能性は低いと考えられる。つまりこの種の調査が、「不幸」でありなおかつ「非社会的」であるような若者の声を十分に拾うことが難しい、という限界は考慮しておくべきだろう。

ここでもう一度、[注4]先ほど筆者が取りあげた問題、すなわち「変わらなさ」への確信、に戻ろう。この感覚は単なる「諦観」でもないし、まして「絶望」という言葉ではニュアンスが強すぎる。ただ「自分は自分で変わりようがない」ことの確信なのである。いや、それはむしろ「確信」とすら呼べない、空気のような自明性なのかもしれない。筆者の考えでは、この「変わりようがない」という部分こそが重要なのだ。

繰り返すが、この感覚は諦観でも絶望でもない。つまり「変わりっこない」という否定的な考えというよりは、「変わる」ことへのリアルな手応えの欠如ゆえの「変わるって何？」「成熟ってどういうこと？」とでもいうような感覚である。もちろん現実には「変化」は否応《いやおう》なしに起こる。ただ、これに関してもしばしば「実感」がともなわない。ひきこもり経験者は、Ⅲ就労に成功しても、意識はひきこもりのままであることがよくあるのだ。

「将来、より幸せになるとは思えない」ことは、一見絶望に似てみえる。しかし筆者の考えでは、この言葉は「将来、さらに不幸になるとは思えない」という感覚と表裏一体なのだ。絶望や諦観と最も異なるのはこの点である。彼らは絶望しているのではない。ただ「変化」というものが信じられないのである。

もし「今よりも状況は、よくも悪くもならない」と信じられたら、あなたはどう感じるだろうか。おそらく現代の日本社会にあっては、「変化」の可能性そのものを断念することは「そこそこの幸福」を意味するのではないか。

(3)古市と筆者との見解の違いはこの点である。未来に絶望しているからこそ「今が幸せ」なのだと彼は指摘するが、筆者はそれを「絶望」ではなく、「あらゆる変化を断念すること」と考えたい。こころから「何も変わらない」と思えたら、多くの人はその感覚を「満足」や「幸福」と〝翻訳〟してしまうのではないだろうか。

古市の調査に対するもうひとつの疑問点は、現在を「不幸」と感じている若者に対するリサーチの不足である。もし古市の解釈が正しけれ

【国語】（六〇分）〈満点：一〇〇点〉

1 次の傍線をつけた漢字の読みを平仮名で書け。

(1) 全幅の信頼を寄せる。
(2) 朗らかに話す。
(3) 現代社会への警鐘。
(4) 両側に高い並木がある。
(5) 広く募り集める。

2 次の傍線をつけたカタカナの部分に当たる漢字を楷書で書け。

(1) 米をチョゾウする。
(2) 世界のヘンキョウを旅する。
(3) ジュウオウ無尽の活躍ぶりだ。
(4) 一人一人をウヤマっている。
(5) まだケイセイギャクテンはありうる。

3 次の文章は、精神科医である斎藤環『承認をめぐる病』（二〇一五年初版）によるものである。これを読んで、後の各問いに答えよ。

最近注目されている若手の社会学者、古市憲寿は、著書『絶望の国の幸福な若者たち』（講談社、二〇一一年）で、興味深いデータを紹介している。

複数の世論調査によれば、現代の若者たちの多くは、今の生活に満足しているというのだ。古市の引用する内閣府の「国民生活に関する世論調査」によれば、「二〇一〇年の時点で二〇代男子の六五・九％、二〇代女子の七五・二％が現在の生活に『満足』していると答えている」。この満足度は過去のどの時代の若者よりも高いのだという。

二〇代男子の「生活満足度」は、この四〇年間で一五％近くも上昇している。［ Ⅰ ］現代の若者は、八〇年代のバブル期の若者たちよりもずっと「幸福」、ということになる。

二〇〇〇年代後半には、ひきこもり、ニート、〔注1〕ワーキングプア、フリーターといった、いわば弱者の代名詞のようになった若者論がさかんになった。〔注2〕グローバリゼーションが、格差社会が、〔注3〕新自由主義が、雇用の不安定が、多くの若者をかつてないほど不幸にしている、といわんばかりの論調が目立った。

そうした若者状況には、いまだ大きな変化はない。古市は他の調査の結果も合わせて、今の若者の「気分」を次のようにまとめる。

「若者の生活満足度や幸福度はこの四〇年間でほぼ最高の数値を示している。格差社会だ、非正規雇用の増加だ、世代間格差だ、と言われているにもかかわらず、当の若者たちは今を『幸せ』と感じている。一方で、生活に不安を感じている若者の数も同じくらい高い。そして社会に対する満足度や将来に対する希望を持つ若者の割合は低い」（前掲書）。

この、(1)いささか混乱した印象をもたらす結果について、古市は社会学者・大澤真幸の論に依拠しつつ説明を試みる。

大澤によれば、人が不幸や不満足を訴えるのは、「今は不幸だけど、将来はより幸せになれるだろう」と考えることができるときだ。逆にいえば、もはや自分がこれ以上は幸せになると思えないとき、人は「今の生活が幸福だ」と答える。若者はもはや将来に希望が描けないからこそ、「今の生活が満足だ」と回答するのではないか。

2023年度

解　答　と　解　説

《2023年度の配点は解答欄に掲載してあります。》

＜数学解答＞ 《学校からの正答の発表はありません。》

$\boxed{1}$ 問(1) $\frac{1}{3}$　問(2) $\frac{49}{81}a^2$　問(3) $\frac{1}{5}$　問(4) $\angle x=50°$

問(5) ① 2：3　② 1：6

$\boxed{2}$ 問(1) Aの食塩の量は$\frac{2}{3}x+\frac{1}{3}y$(g)，Bの食塩の量は$\frac{1}{3}x+\frac{2}{3}y$(g)

問(2) $x=22$，$y=4$

$\boxed{3}$ 問(1) $3t$　問(2) $b=2at$　問(3) $t=\frac{1}{2}$，$c=\frac{3}{4}a$

問(4) Eのx座標は$\frac{1-\sqrt{7}}{2}$，Fのx座標は1，Gのx座標は$\frac{1+\sqrt{7}}{2}$

$\boxed{4}$ [1] 問(1) $\frac{1}{3}$　問(2) $\frac{1}{9}$　[2] 問(1) $\frac{1}{9}$　問(2) $\frac{1}{3}$

$\boxed{5}$ 問(1) $AH=2\sqrt{2}$，$PH=\sqrt{5}$，$AP=3$　問(2) $x=\frac{3\sqrt{5}}{5}$　問(3) 3　問(4) $\frac{2}{3}$

$\boxed{6}$ 問(1) $a=3$，$b=6$　問(2) 5通り

○推定配点○

$\boxed{1}$ 各4点×6　$\boxed{2}$ 問(1) 各4点×2　問(2) 5点　$\boxed{3}$ 問(1)～問(3) 各3点×4
問(4) 各2点×3　$\boxed{4}$ 各4点×4　$\boxed{5}$ 問(1) 各2点×3　問(2)，問(3) 各4点×2
問(4) 5点　$\boxed{6}$ 各5点×2　計100点

＜数学解説＞

基本 $\boxed{1}$ （数・式の計算，式の値，角度，平面図形の計量問題）

問(1) $-\frac{1}{9}\div\left\{0.25-\frac{7}{13}\times\left(0.75+\frac{1}{3}\right)\right\}=-\frac{1}{9}\div\left\{\frac{1}{4}-\frac{7}{13}\times\left(\frac{3}{4}+\frac{1}{3}\right)\right\}=-\frac{1}{9}\div\left\{\frac{1}{4}-\frac{7}{13}\times\left(\frac{9}{12}+\frac{4}{12}\right)\right\}=-\frac{1}{9}\div\left(\frac{1}{4}-\frac{7}{13}\times\frac{13}{12}\right)=-\frac{1}{9}\div\left(\frac{3}{12}-\frac{7}{12}\right)=-\frac{1}{9}\div\left(-\frac{4}{12}\right)=\frac{1}{9}\times3=\frac{1}{3}$

問(2) $a^2+\left(-\frac{a^2}{2}\right)^3\div\left(-\frac{3}{4}a\right)^4=a^2+\left(-\frac{a^6}{8}\right)\times\frac{16\times16}{81a^4}=a^2-\frac{32}{81}a^2=\frac{49}{81}a^2$

問(3) $x+y=\sqrt{3}+\sqrt{2}+\sqrt{3}-\sqrt{2}=2\sqrt{3}$，$xy=(\sqrt{3}+\sqrt{2})(\sqrt{3}-\sqrt{2})=(\sqrt{3})^2-(\sqrt{2})^2=3-2=1$
$\frac{2x^2y^2}{x^2+y^2}=\frac{2(xy)^2}{(x+y)^2-2xy}=\frac{2\times1^2}{(2\sqrt{3})^2-2\times1}=\frac{2}{12-2}=\frac{2}{10}=\frac{1}{5}$

問(4) 右の図のように各点を定めると，三角形の内角と外角の関係から，$\angle DAC=\angle FAC=\angle x-30°$　$\angle DBC=\angle EBC=70°-\angle x$　円周角の定理から，$\angle DAC=\angle DBC$だから，$\angle x-30°=70°-\angle x$　$2\angle x=100°$　$\angle x=50°$

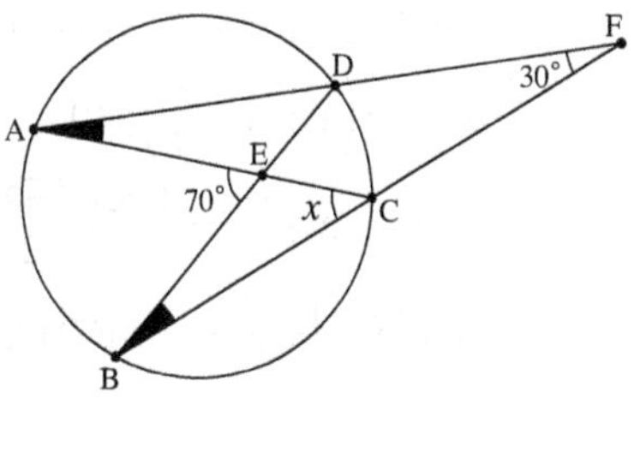

問(5) ① 平行線と線分の比の定理から，BP：PD＝BE：

AD＝1：2，BQ：QD＝AB：DF＝2：1　よって，PQ：BD＝(BQ－BP)：BD＝(2－1)：(2＋1)＝1：3…(ⅰ)　中点連結の定理から，EF＝$\frac{1}{2}$BD…(ⅱ)　(ⅰ)，(ⅱ)から，PQ：EF＝$\frac{1}{3}$BD：$\frac{1}{2}$BD＝2：3

②　△APQ＝$\frac{1}{3}$△ABD＝$\frac{1}{3}\times\frac{1}{2}$▱ABCD＝$\frac{1}{6}$▱ABCD　よって，△APQ：▱ABCD＝1：6

2　(連立方程式の応用問題―食塩の濃度)

問(1)　操作前のA，Bの食塩の量はそれぞれ，$100\times\frac{x}{100}=x$，$100\times\frac{y}{100}=y$　BにAの食塩水50gを移すとA，Bの食塩の量は$x\times\frac{50}{100}=\frac{1}{2}x$，$y+\frac{1}{2}x$　その後AにBの食塩水50gを移すとA，Bの食塩の量は$\frac{1}{2}x+\left(y+\frac{1}{2}x\right)\times\frac{50}{150}=\frac{1}{2}x+\frac{1}{6}x+\frac{1}{3}y=\frac{2}{3}x+\frac{1}{3}y$(g)，$\left(y+\frac{1}{2}x\right)\times\frac{100}{150}=\frac{1}{3}x+\frac{2}{3}y$(g)

重要　問(2)　1回目の操作を行ったときAの濃度が16％であったことから，$\left(\frac{2}{3}x+\frac{1}{3}y\right)\div100\times100=16$　$\frac{2}{3}x+\frac{1}{3}y=16$　$2x+y=48$…①　2回目の操作を行ったときのAの食塩の量は$\left(\frac{2}{3}x+\frac{1}{3}y\right)\times\frac{50}{100}+\left\{\frac{1}{3}x+\frac{2}{3}y+\left(\frac{2}{3}x+\frac{1}{3}y\right)\times\frac{50}{100}\right\}\times\frac{50}{150}=\frac{1}{3}x+\frac{1}{6}y+\left(\frac{1}{3}x+\frac{2}{3}y+\frac{1}{3}x+\frac{1}{6}y\right)\times\frac{1}{3}=\frac{1}{3}x+\frac{1}{6}y+\frac{2}{9}x+\frac{5}{18}y=\frac{5}{9}x+\frac{4}{9}y$　2回目の操作を行ったときのAのの濃度が14％であったことから，$\left(\frac{5}{9}x+\frac{4}{9}y\right)\div100\times100=14$　$\frac{5}{9}x+\frac{4}{9}y=14$　$5x+4y=126$…②　①×4－②から，$3x=66$，$x=22$　$2\times22+y=48$　$y=4$

3　(図形と関数・グラフの融合問題)

基本　問(1)　$y=a\times(-t)^2=at^2$から，A$(-t,\ at^2)$　点Bのy座標は，AC：BD＝1：9から，$at^2\times9=9at^2$　$9at^2=ax^2$　$x^2=9t^2$　$t>0$から，$x=3t$　よって，点Dのx座標は$3t$

問(2)　B$(3t,\ 9at^2)$　直線ABの傾きは，$\frac{9at^2-at^2}{3t-(-t)}=\frac{8at^2}{4t}=2at$　よって，$b=2at$

問(3)　$a=2at$，$a\neq0$から，$2t=1$，$t=\frac{1}{2}$　$a\times\left(\frac{1}{2}\right)^2=\frac{1}{4}a$　A$\left(-\frac{1}{2},\ \frac{1}{4}a\right)$　$y=ax+c$に点Aの座標を代入すると，$\frac{1}{4}a=a\times\left(-\frac{1}{2}\right)+c$　$c=\frac{1}{4}a+\frac{1}{2}a=\frac{3}{4}a$

重要　問(4)　$y=ax^2$…①　点Oを通り直線ABに平行な直線をℓ，$\frac{3}{4}a\times2=\frac{3}{2}a$から，切片が$\frac{3}{2}a$で直線ABに平行な直線を$m$として①との交点をE，F，Gとすると，△ABO＝△ABE＝△ABF＝△ABGとなる。直線ℓの式は，$y=ax$…②，直線mの式は，$y=ax+\frac{3}{2}a$…③　①と②からyを消去すると，$ax^2=ax$　$ax(x-1)=0$　a，$x\neq0$から，$x=1$　①と③からyを消去すると，$ax^2=ax+\frac{3}{2}a$　$a\left(x^2-x-\frac{3}{2}\right)=0$　$a\neq0$から，$x^2-x-\frac{3}{2}=0$　$2x^2-2x-3=0$　二次方程式の解の公式から，$x=\frac{-(-2)\pm\sqrt{(-2)^2-4\times2\times(-3)}}{2\times2}=\frac{2\pm\sqrt{28}}{4}=\frac{2\pm2\sqrt{7}}{4}=\frac{1\pm\sqrt{7}}{2}$　条件②から，点Eのx座標は$\frac{1-\sqrt{7}}{2}$，点Fのx座標は1，点Gのx座標は$\frac{1+\sqrt{7}}{2}$

4 (確率)

基本 [1] 問(1) 2人の手の出し方は全部で，$3\times3=9$(通り) そのうち，Aさんが勝つ場合は，(A, B)=(グ，チ)，(チ，パ)，(パ，グ)の3通り よって，求める確率は$\frac{3}{9}=\frac{1}{3}$

問(2) Aさんがグーで勝つ場合は，(A, B)=(グ，チ)の1通り よって，求める確率は$\frac{1}{9}$

[2] 問(1) 3人の手の出し方は全部で，$3\times3\times3=27$(通り) そのうち，Aさん1人が勝つ場合は，(A, B, C)=(グ，チ，チ)，(チ，パ，パ)，(パ，グ，グ)の3通り よって，求める確率は$\frac{3}{27}=\frac{1}{9}$

問(2) 2人が勝つ場合は，(A, B, C)=(グ，グ，チ)，(グ，チ，グ)，(チ，グ，グ)，(チ，チ，パ)，(チ，パ，チ)，(パ，チ，チ)，(パ，パ，グ)，(パ，グ，パ)，(グ，パ，パ)の9通り よって，求める確率は$\frac{9}{27}=\frac{1}{3}$

5 (空間図形の計量問題―三平方の定理，面積，体積)

基本 問(1) AHは1辺が2の正方形の対角線だから，$AH=2\sqrt{2}$ $PG=\frac{2}{2}=1$ △PHGにおいて三平方の定理を用いると，$PH=\sqrt{2^2+1^2}=\sqrt{5}$ $PE=PH=\sqrt{5}$ △APEにおいて三平方の定理を用いると，$AP=\sqrt{2^2+(\sqrt{5})^2}=\sqrt{9}=3$

問(2) $QH=\sqrt{5}-x$ △APQと△AHQにおいて，AQ^2を求める式から，$AP^2-PQ^2=AH^2-QH^2$ $3^2-x^2=(2\sqrt{2})^2-(\sqrt{5}-x)^2$ $9-x^2=8-5+2\sqrt{5}x-x^2$ $2\sqrt{5}x=6$ $x=\frac{6}{2\sqrt{5}}=\frac{3}{\sqrt{5}}=\frac{3\sqrt{5}}{5}$

問(3) $AQ=\sqrt{3^2-\left(\frac{3\sqrt{5}}{5}\right)^2}=\sqrt{9-\frac{9}{5}}=\sqrt{\frac{36}{5}}=\frac{6}{\sqrt{5}}$ よって，$\triangle APH=\frac{1}{2}\times\sqrt{5}\times\frac{6}{\sqrt{5}}=3$

重要 問(4) 三角すいG－APHの一つの面である△PHGを底面としたときの高さは2となるから，G－APH$=\frac{1}{3}\times\frac{1}{2}\times1\times2\times2=\frac{2}{3}$ 求める高さをhとすると，三角すいG－APHの体積から，$\frac{1}{3}\times3\times h=\frac{2}{3}$ $h=\frac{2}{3}$

6 (連立方程式の応用問題，統計)

基本 (問1) 人数から，$1+2+a+5+b+3=20$ $a+b=9$…① 平均値から，$0\times1+1\times2+2\times a+3\times5+4\times b+5\times3=3.1\times20$ $2a+4b=30$ $a+2b=15$…② ②－①から，$b=6$ $a+6=9$から，$a=3$

重要 (問2) 中央値は得点の低い方から数えて10番目と11番目の平均の値になる。$a+b=9$から，aとbのとりうる値は0～9 $(a,\ b)=(9,\ 0)$，$(8,\ 1)$のとき，中央値は$\frac{2+2}{2}=2$ $(a,\ b)=(7,\ 2)$のとき，中央値は$\frac{2+3}{2}=2.5$ $(a,\ b)=(6,\ 3)$，$(5,\ 4)$，$(4,\ 5)$，$(3,\ 6)$のとき，中央値は$\frac{3+3}{2}=3$ $(a,\ b)=(2,\ 7)$のとき，中央値は$\frac{3+4}{2}=3.5$ $(a,\ b)=(1,\ 8)$，$(0,\ 9)$のとき，中央値は$\frac{4+4}{2}=4$ よって，2と2.5と3と3.5と4の5通り

★ワンポイントアドバイス★

2問(1)で，容器A，B全体の食塩の量は，$(x+y)$gで変わらないので，Bの食塩の量は，$(x+y)$－(Aの食塩の量)でも求める事ができる。

＜英語解答＞ 《学校からの正答の発表はありません。》

1 リスニング問題解答省略

2 問1 (1) イ (2) ウ (3) ウ (4) ウ 問2 (1) of, mine
(2) It, rained (3) different (4) had, would
問3 (1) stopped, driving (2) earliest, of (3) to, solve
問4 (3番目, 5番目の順) (1) オ, エ (2) オ, イ (3) カ, オ

3 問1 エ 問2 ウ 問3 イ→エ→ア→ウ 問4 エ 問5 ア

4 問1 (1) エ (2) ウ (3) イ 問2 ウ

5 問1 ウ 問2 boring 問3 イ 問4 ④ ウ ⑤ エ 問5 イ
問6 enjoying

○推定配点○

1・2 各2点×27(2問2～問4各完答) 3 各2点×5 4 各3点×4
5 問1, 問4, 問5 各3点×4 他 各4点×3 計100点

＜英語解説＞

1 リスニング問題解説省略。

2 問1(語句選択問題：分詞, 時制, 受動態, 比較)

(1) 「向こうでバスケットボールをしている少女たちは私のクラスメートだ。」 play basketball over there という部分が girls を修飾するので, 現在分詞を使う。

(2) 「私は, ジェイクが去年の夏に北海道を旅行して回ったと聞いた。」 北海道を旅行したのは過去の出来事なので過去形を使う。

(3) 「15年間合衆国に住んでいたので, タクは英語を話すのが上手いと知られている。」「知られる」という意味になるので, 受動態を使う。

(4) 「ロンドンの人口は東京のそれより小さい。」 2つのものを比べているので, 比較級を使う。

問2(書き替え問題：所有代名詞, 動詞, 形容詞, 仮定法)

基本 (1) 「ジョンは私の生徒のひとりだ。」「～の…」は, 〈… of 所有代名詞〉の形で表せる。

(2) 「先週は雨が多く降った。」「雨が降る」と表すときは, It rains とする。

(3) 「トムとタロウはスピーチコンテストで同じ話題を選ばなかった。」→「トムとタロウはスピーチコンテストで違う話題を選んだ。」 different は「異なる」という意味を表す。

(4) 「私は今十分お金を持っていないので, そのテレビゲームを買えない。」→「もし私が今十分お金を持っていたら, そのテレビゲームを買うだろう。」〈if 主語＋過去形の動詞～〉は仮定法過去で, 現実とは異なる仮定を表す。主節では動詞の前に would などを置く。

問3(語句補充問題：動名詞, 比較, 不定詞)

(1) 〈stop ～ ing〉で「～することを止める」という意味を表す。

(2) 最上級の文なので〈the ＋最上級形〉の形になる。また, 後ろに複数の名詞があるので of を使う。

(3) 不定詞の形容詞的用法は「～するべき」という意味を表す。

問4(語句整序問題：動名詞, 接続詞, SVOO)

(1) 「キャシーの父親は, ペットの世話をすることは子供たちにとってすばらしい体験だと思うので, 彼は娘のために犬を飼うことを決めた。」 (Cathy's father thinks that) taking care of a pet is a wonderful) experience for children 動名詞は文の主語になることができる。また,

動名詞は単数として扱う。

(2) 「私は眠かったが，宿題を終えるまで寝なかった。」 (I was sleepy but I) didn't go to bed until I finished my homework(.)　until は「～までずっと」という意味を表す。

基本 (3) 「私はあなたのために良い本を見つけました。この本はあなたに日本の城についてすべてを教えるでしょう。」 This book will tell you everything (about Japanese castles.) 〈tell A B〉で「AにBを言う」という意味になる。

3 (長文読解問題・説明文：内容吟味，語句補充)

(大意) 1976 年1月12日のことでした。ロンドンの劇場で，人々は「ネズミ捕り」という劇を楽しんでいました。劇が終わり，人々はその驚くべき結末について話し始めました。突然，一人の俳優がステージに現れました。「みなさん，お伝えしなければならない悲しいニュースがあります。この戯曲の作者であるアガサ・クリスティーが今日亡くなりました。『ネズミ捕り』は，この偉大な英国の女性に敬意を表するために1週間閉鎖されます。」人々はあまりにショックで何も言えませんでした。彼らはそのニュースを信じることができませんでした。人々は次々と立ち上がって偉大な作家のために祈り始めました。

アガサ・クリスティは，1890年9月15日にイギリスで生まれました。子供の頃，母親が家にいることを望んでいたため，学校に通うことはありませんでした。彼女はとても恥ずかしがり屋で，いつも何かを書いていました。11歳のとき，彼女はロンドンの地方紙に詩を送りました。それは彼女の最初の出版された作品となりました。第一次世界大戦中，彼女は病院で看護師として働いていました。そこで彼女は薬と毒について多くのことを学びました。この経験は，彼女に最初の小説のアイデアを与えました。彼女は生涯で66の探偵小説を書き，人々は彼女を「ミステリーの女王」と呼んでいます。彼女はまた，20を超える戯曲を書き，そのうちの 1 つが「ネズミ捕り」です。書かれてから70年が経ち，いまだに劇場で楽しまれています。

「ネズミ捕り」は1951年に短いラジオ劇として書かれ，その後1952年に舞台劇になりました。初め，彼らはその劇を8か月間だけ行う計画でした。クリスティはこの8か月間，この話を秘密にしておきたかったので，新聞や雑誌にこの話を書くことは決して許しませんでした。映画化したいという人もいました。(A)それはますます人気が高まり，今も続いています。ですから，今日も「ネズミ捕り」の映画はありません。「ネズミ捕り」で何が起こるかを知る唯一の方法は，自分の目で劇を見ることです。

「ネズミ捕り」を見ると，俳優はあなたに1つのことを頼みます。「この話をまだ観ていない人に話さないでください。秘密にしておいてください。あなたは今，この劇の一部なのです。」人々はこれが大好きで，自分が見たものについて話すことはありません。彼らは他の人に劇場に行って芝居を見るように言うだけです。クリスティがまだ生きていたら，彼女の死から約50年後，人々が彼女のミステリーをどれだけ楽しんでいるかを見て，彼女はとても幸せだったでしょう。劇はいつまで続くのでしょうか？ (B)誰にもわかりません。あと50年か100年か！ クリスティーが私たちに与えたもう一つの謎です。

問1　ア 「人々はアガサ・クリスティのために祈るために劇場に行った。」 劇を見るために劇場に行ったので，誤り。　イ 「人々はニュースを聞いた後，お互いに話し始めました。」「何も言えなかった」とあるので，誤り。　ウ 「クリスティは，彼女の死後，演劇を中止するよう劇場に要請した。」 文中に書かれていない内容なので，誤り。　エ 「人々は作家の訃報を聞いて驚いた。」「人々はあまりにショックで何も言えませんでした」という文に合うので，答え。

問2　ア 「クリスティは母親と一緒にいたかったので学校に行かなかった。」 母親が望んだことなので，誤り。　イ 「地元の新聞がクリスティに詩を書くように頼んだ。」 新聞が頼んだわけではないので，誤り。　ウ「戦争中の彼女の経験は，彼女が小説を書くのを助けた。」「彼女は薬と毒について多くのことを学びました。この経験は，彼女に最初の小説のアイデアを与えました」という部分に合うので，答え。　エ「クリスティは『ミステリーの女王』という小説を書いた。」文中に書かれていない内容なので，誤り。

問3「しかし，彼女は彼らに，それは劇が終わった後でしかできないと言った。」→「8か月が経ったが，人々は劇場に足を運び続けた。」→「それで，劇場は上演を続けることにした。」→「それはますます人気が高まり，今も続いている。」直前の文の内容につながるので，イから始める。その後は，上演が長く続き，今も続いている，という内容になるように並べる。

問4　ア「劇を最後まで見れば，他の人に物語を伝えることができる。」話すことはできないので，誤り。　イ「目の前に役者がいたら物語について話せない。」役者がいなくても話すことはできないので，誤り。　ウ「劇がとても好きなら，物語について話すことができる。」話すことはできないので，誤り。　エ「他の人がまだ芝居を見ていなければ，あなたはその話をすることはできない。」「この話をまだ観ていない人に話さないでください」という文の内容に合うので，答え。

重要　問5　ア「誰にもわからない。」直後にはわからないという意味の文があるので，答え。　イ「はい，そうです。」直後のわからないという意味の文に合わないので，誤り。　ウ「クリスティが決めるだろう。」直後のわからないという意味の文に合わないので，誤り。　エ「それは明白だ。」直後のわからないという意味の文に合わないので，誤り。

4　(資料問題：語句補充，内容吟味)

2023年2月19日

親愛なる友人たちへ

日本に来てもうすぐ1年になります。信じられません！　ほんの1週間前にここに来たような気がします！　ドイツに戻る前に，あなたたちと時間を過ごして私の国についてもっとお話したいと思います。ということで，2月26日にホストファミリーの家でパーティーをします。私はパーティーの4日後に去りますので，一緒に楽しめる最後のイベントになります。

ホストマザーのハシモトさんと私は，ほとんどのドイツ人が大好きな料理を用意します。最も人気のあるスナックのひとつはカリーヴルストです。これはカットソーセージとフライドポテトです。これは少し辛いです。でも気に入っていただけると思います！　もう一つはプレッツェルです。ドイツの伝統的なハードパンです。普段は塩をかけて食べますが，パーティーではチーズといっしょに食べられますし，また，砂糖，チョコレート，あるいはフルーツジャムとでも食べられます。最後にアプフェルシュトルーデルを作ります。アップルケーキの一種です。オーストリア産まれですが，私たちドイツ人は大好きです！

パーティーは午後1時に始まります。参加希望の方は，パーティーの5日前までにメールをください。料理はハシモトさんと一緒に作りますが，飾りつけはボランティアの方も大歓迎です。あなたたちが私たちを助けることができれば，午前10時に来てください。ただし，パーティの3日前にハシモトさんに電話してください。それで彼女はあなたたちに何をすべきか教えてくれます。

みんなにもう一つ頼みたいことがあります。バッグをご持参ください。あなたたちにプレゼントがあります！

みんなが来ることができて早く会えますように。

ルーカス

メール：lukaswagner@webmail.com

ハシモトさんの電話番号：123-4567-890

問1 (1) ルーカスは______。 ア 「1週間前に日本に来た」「日本に来てもうすぐ1年になります」とあるので，誤り。 イ 「友達たちをドイツに招待した」 日本のホストファミリーの家に招待したので，誤り。 ウ 「2月に日本を去る」 2月26日にパーティーがあって，その4日後に去るので，誤り。 エ 「パーティーの1週間前に手紙を書いた」 2月26日にパーティーがあって，手紙を書いたのは2月19日なので，答え。

(2) ______を食べると味のバラエティーを楽しめる。 ア 「カリーヴルスト」，イ 「フライドポテト」，ウ 「プレッツェル」，エ 「アプフェルシュトルーデル」 チーズや砂糖，チョコレート，あるいはフルーツジャムとともに食べられるとあるので，ウが答え。

(3) もしあなたがパーティーの準備を手伝いたいなら，あなたは______ことをしなければならない。 ア 「ルーカスに電話する」，イ 「ハシモトさんに電話する」，ウ 「ルーカスに電子メールを送る」，エ 「ハシモトさんに電子メールを送る」「パーティの3日前に橋本さんに電話してください」とあるので，イが答え。

問2 ア 「ルーカスはそれぞれの客にバッグをあげる。」 プレゼントをあげるので，バッグを持ってきてほしいと言っているので，誤り。 イ 「すべてのゲストはプレゼントを持ってくる。」 ルーカスがプレゼントをあげ，客が持ってくるということは書かれていないので，誤り。 ウ 「何人かの客は正午前に来るかもしれない。」 飾りつけをするボランティアは午前10時に来るので，答え。 エ 「ボランティアは調理を手伝う。」 ボランティアは飾りつけを手伝うので，誤り。 オ 「パーティーはドイツのレストランで開かれる。」 ハシモトさんの家で開かれるので，誤り。

5 (長文読解問題・物語文：語句補充，内容吟味)

(大意) アシュリーが幼い頃，彼女は踊っているときに幸せを感じていました。音楽を聞くと，思わず体が動き出しました。高校では，彼女は学校のダンスクラブで最高のダンサーでした。彼女が踊っているとき，誰もが彼女を見て，彼女はそれが好きでした。それで卒業するとき，彼女はより良い環境のためにニューヨークに行くことに決めました。彼女は大都市でも自分が一番だと信じていました。

①しかし，そうではありませんでした。彼女はニューヨークには素晴らしいダンサーが多すぎて，誰も彼女を見ていないと感じていました。彼女はステージに立つ機会を与えられませんでした。彼女にとって，自分が最高でなければ意味がありませんでした。3年後，彼女はあきらめることにしました。彼女は「二度と踊らない」と思い，ついに故郷に帰りました。

アシュリーは家で一日中テレビを見ていましたが，とても②退屈でした。彼女の母親は家にいましたが，「ニューヨークで何が起こったの？」とよく尋ねたので，彼女とは話したくありませんでした。アシュリーがそれについて話すのは簡単ではなかったのです。それで，ある日曜日の午後，母親が再びニューヨークについて尋ねたとき，アシュリーは散歩に出かけました。彼女はその小さな町をよく知っていて，面白いものは何もありませんでした。家でテレビを見るよりも，町を歩くほうが退屈であることは明らかでした。しかし，彼女は家で何が待っているかを知っていたので，③歩き回っていました。

最後に，彼女は自分が高校のすぐ前にいることに気づきました。彼女は高校の体育館での厳しい練習を思い出しました。彼女の心は傷つきました。彼女は，自分が最高のダンサーであるアシュリーであることしか知らない学校の先生に会いたくなかったので，できるだけ早くその場所を④離れたいと思いました。しかし，彼女の中の何かが彼女にとどまって体育館に行くように言いました。「ダンスにさよならを言う良い機会かもしれない」と彼女は独り言を言いました。

体育館に着くと中から声が聞こえました。「アシュリー？」誰かが後ろから言いました。彼女はゆっくりと振り返りました。

「アシュリー？　あなたなの？」

「エリー？」アシュリーは言いました。彼女は高校のダンス部の旧友であるエリーに会うことに驚いたと同時に興奮していました。「うわー，びっくりした！　あなたはここで何をしているの？」とアシュリーは言いました。「中を見ればわかるわよ。」エリーがドアを開けました。中では，女の子たちがダンスの練習をしていました。

「何？　あなたが教えているの？」

「うん，ボランティアとして日曜日に子供たちに教えているのよ。」

「ああ，それは知らなかったわ。」

「あなたもまだ踊っているのよね？」

「ええと，実際にはそうじゃないの。」

彼女は驚いたように見えましたが，理由は聞きませんでした。彼女はただ微笑んで，教えに戻りました。アシュリーは続きました。彼女は子供たちとその若い先生を見ました。女の子たちはダンスがとても下手でした。彼女らは何度も転んでしまいました。「いつか彼女たちは私⑤のようにあきらめるわよ」とアシュリーは思いました。しかし，何かが彼女の目に留まりました。彼女らは笑っていました。女の子たちはダンスが得意ではありませんでしたが，みんな楽しんでいました。それはアシュリーにとって大きなショックでした。高校に入ってからは，自分が一番になることが一番大事で，ダンスを⑥楽しんでいませんでした。彼女は自分の体が音楽に合わせて動いていることに気づきました。彼女はまた踊りたいと思いました。すると，一人の女の子が走ってきて，「ねえ，来て一緒にやろうよ！　楽しいよ！」「知っているわ」とアシュリーは笑顔で答えました。それから彼女は女の子の手を取り，走って小さなダンサーのグループに加わりました。

問1　アシュリーはニューヨークにおいては一番のダンサーではなかったので，ウが答え。

ア「実際，彼女は新しい環境を愛しました。」　イ「ニューヨークは彼女にとってわくわくする町でした。」　ウ「しかし，そうではありませんでした。」　エ「実は，彼女はそうだった。」

問2　段落の最後に「家でテレビを見るよりも，町を歩くほうが退屈である」とあるので，「退屈」が当てはまる。

問3　ア「彼女は町の変化を見たかった。」「彼女はその小さな町をよく知っていて，面白いものは何もありませんでした」とあるので，誤り。　イ「彼女は母親と話したくなかった。」母親と話したくなかったとあるので，答え。　ウ「彼女は高校の体育館を訪れる必要があった。」学校から早く離れようとしていたので，誤り。　エ「彼女は通りをとてもよく知っていた。」歩き回る理由にはならないので，誤り。

問4　④　直前の文の内容に合うので，ウが答え。ア「覚えている」，イ「～へ行く」，エ「～にとどまる」　⑤「私のように」という意味にするので，エが答え。ア「～のために」，イ「～といっしょに」，ウ「～へ」

問5　子供たちの様子を見たのはアシュリーで，子供たちにダンスを教えていたのはエリーである。

問6　アシュリーは，子供たちが下手ながらもとても楽しそうにダンスをしているのを見て，自分に欠けていたものを悟った。アシュリーは，自分が一番になることだけを望み，ダンスそのものを楽しもうとしなかったことを反省した。

★ワンポイントアドバイス★

②の問2(2)には「雨が降る」という表現が使われている。同じ意味は rainy(雨の)という形容詞を使っても表すことができる。(例) It was rainy last week.「雨」に関する名詞，動詞，形容詞のいずれを使っても表せるようになろう。

＜国語解答＞ 《学校からの正答の発表はありません。》

1 (1) ぜんぷく (2) ほが(らか) (3) けいしょう (4) なみき
(5) つの(り)

2 (1) 貯蔵 (2) 辺境 (3) 縦横 (4) 敬(って) (5) 形勢逆転

3 問一 Ⅰ ウ Ⅱ ア Ⅲ イ 問二 ア 問三 ウ 問四 ① エ
② 【ii】 一九七〇 【iii】 二〇一〇 【iv】 一五 ③ ウ
④ (例) 【v】 未来に絶望して「今が幸せ」と考えるから。 【vi】 あらゆる変化を断念するから。 問五 エ

4 問一 イ 問二 Ⅰ イ Ⅱ ウ 問三 ア 問四 イ 問五 イ 問六 エ
問七 A, D

5 問一 (1) ア (3) エ 問二 ア 問三 Ⅰ ア Ⅱ ウ
問四 ① 【i】 エ 【ii】 ア 【iii】 ウ ② 水 ③ ウ

○推定配点○

1 各2点×5 2 各2点×5 3 問一 各1点×3 問四 ② 各2点×3
④ 各5点×2 他 各3点×5 4 問二 各2点×2 他 各3点×7 5 問二 3点
他 各2点×9 計100点

＜国語解説＞

1 (漢字の読み)

(1)「全幅」は，あらん限り，ありったけの意味。「全幅の信頼を寄せる」は「一つの疑いもなく，全面的に信頼する」という意味で決まり文句のように使われる。「幅」の訓は「はば」。「振幅」「増幅」などの熟語がある。 (2)「朗」の音は「ロウ」。書き取りでは「郎」と混同しやすいので注意する。「朗読」「明朗」などの熟語がある。 (3)「警鐘」は，警告として人々の注意を呼び起こすもの。「警」の熟語には「警告」「警護」などがある。「鐘」の訓は「かね」。「半鐘」「晩鐘」などの熟語がある。 (4)「並木」は，訓＋訓で読む。「並」の音は「ヘイ」。「並列」「並行」などの熟語がある。「木」の音は「ボク・モク」。「巨木(ボク)」「樹木(モク)」などの熟語がある。 (5)「募る」は，広く探し集めるの意味。「募」の音は「ボ」。「募集」「応募」などの熟語がある。

2 (漢字の書き取り)

(1)「貯蔵」は，物を蓄えておくこと。「貯」の熟語には「貯蓄」「貯金」などがある。「蔵」は同音で形の似た「臓」と区別する。「蔵」の訓は「くら」。「所蔵」「冷蔵」などの熟語がある。 (2)「辺境」は，中央から遠く離れた国境の地。「辺」を「変」と誤らないように注意する。「辺」の訓は「あた－り・べ」。「身辺」「海辺(うみべ)」などの熟語がある。「境」は同音で形の似た「鏡」と区別する。「境」には「ケイ」の音もある。訓は「さかい」。「境内(けいだい)」「境遇」などの熟語がある。 (3)「縦横」は，思いのまま，自由自在の意味。「縦横無尽」で，自由自在に行うこと，思

う存分。「縦」は同音で形の似た「従」と区別する。訓は「たて」。「縦断」「操縦」などの熟語がある。「横」には「横暴」「横行」などの熟語がある。　(4)「敬」の音は「ケイ」。「敬愛」「敬慕」などの熟語がある。　(5)「形勢逆転」は，形勢が逆転するということ。「形勢」は，変化していく物事・局面の，その時々のありさま。「逆転」は，形勢・順位などがそれまでとは反対の状態になること。「形勢」は「形成」，「逆転」は「逆点」とする誤りに気をつける。

3 (論説文―要旨，内容吟味，文脈把握，接続語の問題，脱語補充)

基本　問一　Ⅰ「つまり」は，要するに，すなわちの意味。前に述べたことを要約したり言い換えたりして説明を補足することを表す。　Ⅱ　前の部分では「一定の説得性がある」と肯定的に評価し，あとでは「異論をさしはさんでおこう」と否定的にとらえている。逆接の「しかし」が当てはまる。　Ⅲ「たとえ」は「とも」「ても」などを伴って，ある条件を仮定し，その条件のもとでも結果が変わらないことを表す。「仮に」と言いかえられる。仕事に就いても意識はひきこもりのままなのである。

問二　「混乱した印象」を持つのは，若者たちの生活満足度が高く「幸せ」を感じていながら，生活に不安を感じる若者も多く，社会への満足度や将来への希望を持つ割合は低いという矛盾した調査結果が出ているからである。アのように「対立が生まれている」という説明はない。

問三　「意表をつく」は，思いもつかないこと・意外なことを言い表すの意味。「この説明」が指すのは「若者はもはや将来に希望が描けないからこそ，『今の生活が満足だ』と回答するのではないか」ということ。その説明が，思いがけず意外だというのである。

問四　①「内閣府の世論調査の結果」とは，第二段落で説明されている「二〇一〇年の時点で二〇代男子の六五・九%，二〇代女子の七五・二%が現在の生活に『満足』していると答えている」というもの。「若者の生活満足度が高い」というのである。

②　第三段落に「二〇代男子の『生活満足度』は，この四〇年間で一五%近くも上昇している」とあるのに注目する。①でとらえたように，二〇一〇年の時点での調査の数値を基にしているから，「この四〇年間」は，一九七〇年から二〇一〇年であると判断できる。よって，【ⅱ】は「一九七〇」，【ⅲ】は「二〇一〇」が入る。そして，【ⅳ】は「一五」である。

③　ウについては，「私自身の臨床経験から補足するなら，『不幸』な若者たちもまた，『幸福』な若者と同様に，『変化』の可能性を信じていない」とあるので，「未来に希望をもっていると知っている」は適当でない。ア，「『幸福度』や『満足感』，あるいは『希望』といった言葉の意味や定義そのものの変質が重要であるように思われる」とあるので適当。イ，「この種の調査が，『不幸』でありなおかつ『非社会的』であるような若者の声を十分に拾うことが難しい，という限界」とあるので適当。エ，「現代の若者が『今，ここ』の幸せに満足感を覚えているのが事実であるとすれば，なぜ若い世代の『うつ病』が増加傾向にあるのだろうか？」とあるので適当。

重要　④　傍線部の後に，「未来に絶望しているからこそ「今が幸せ」なのだと彼(＝古市)は指摘するが，筆者はそれを『絶望』ではなく，「あらゆる変化を断念すること」と考えたい」とある。「それ」は，未来に対する感覚を指している。この考えの違いを指定字数でまとめると，解答例のようになる。

重要　問五　「こういった理由」が指しているのは，直前の二文。「『変化』は……忌避されるようになる」は，「変化することを避ける傾向にある」ということ。「『キャラ』の同一性を大切にする」のは，「コミュニケーションの円滑化のために集団内で自動的に割り振られる仮想人格」である「『キャラの相互確認』に終始すること」がコミュニケーションにおいて重要になるからであり，そのために「『キャラ』の固定」をするからである。

4 (小説一情景・心情，内容吟味，文脈把握，脱語補充)

問一　イについては，「僕」の会話に「お母さんのこと騙して，庇ってもらって，それで嬉しいか？」とある。「一方的に責められて」は適当でない。ア，「おい，悟志，なんで嘘つくんだよ」，「やっぱり嘘をついていたのだ」とある。ウ，「手を出したほうがわるいんだぞ」という「僕」の言葉を受け入れている。エ，　波多野君の姉の会話に，「純がひどいこと言ったって白状した」，「(純が)悟志君に言ってからかったんだって。そりゃあ怒るよね」とある。

基本　問二　Ⅰ「雪解け水」は，気温が上がって積もっていた雪が解けて水になったもの。その水で道がぬかるんでいる。　Ⅱ「頬をゆるめる」は，表情がやわらかくなること。「ほっとしている」という表現と合う。

問三　ベッドで泣いている悟志の様子，自分の親たちや悟志のことをとやかく言っているかもしれない波多野さんの家の様子を思って，「こんなときに長男ならばどうするべきか」と考えていて，「以前，村田にけがを負わせたとき，父親が謝罪に連れて行ってくれたことを思い出し」ている。父親と村田に謝罪に行ったことで，「村田とずっと友達でいられた。あんな流血事件があったことなど忘れそうになっていた」から，その父親の役割を自分が果たそうと考えたのである。ウは紛らわしいが，「すぐに謝罪できずに後悔を抱えていた過去」という描写はない。

やや難　問四　問三と関連させて考える。自分が村田とずっと友達でいられたのは父親が謝罪に連れて行ってくれたからである。同じように「弟と波多野君の仲を取り持つためにも，父親の代わりとしてしっかり謝罪をしようと気負っている」のである。「気負う」は，立派にやりとげようとこころを奮い立たすの意味。

問五　問二のⅡと関連させて考える。悟志は無事に謝罪がすんでほっとしている。さらに，波多野君の姉の言葉によってケガをさせた時のいきさつを兄が知るところとなって，さまざまなわだかまりが解けて，気持ちが楽になっているのである。ウは紛らわしいが，悟志は「嘘をついてしまったことを後悔して，どうしたらいいかわからなくなっていた」のであり，自信を失っていたわけではないから「自信を取り戻したから」は適当でない。

問六　窓を開けるのは鬼の出口のためである。直後の段落に，「鬼なんて言葉は嫌なことを思い出すから使いたくはない。鬼なんかうちにはいないと思う」とある。「我が家では『鬼』を追い出さずにいていい」から，「窓は開けなくてもいい」というのである。

重要　問七　A「素直に僕の後ろをついてきた」という表現は，兄弟の関係を表しているのではない。この表現は，直前に「うん……」とあるように謝りに行くことに気乗りはしないが，謝りに行かないという強い意志もないので，仕方なくついてきている悟志の気持ちを表している。「どことなく引け目を感じている弟」の気持ちは，理由はどうあれ波多野君にケガをさせてしまったことに引け目を感じている気持ちである。　B　問二のⅡ・問五と関連させて考える。悟志は無事に謝罪がすんでほっとしており，波多野君にケガをさせてしまったことについての引け目の気持ちが消えているのである。　C　これも問五と関連させて考える。「悟志の声がいつもの生意気な強さになっている」のは，さまざまなわだかまりが解けて，気持ちが楽になっているからである。並んで歩いて，いつものような兄弟の会話が戻ってきているのである。　D「急ぎ足で家に向かった」直接の理由は，(B)の直前にあるように「早く帰らないと母親が心配してしまう」からである。「気持ちが弾んでいて」「好奇心でわくわくする」という描写はない。　E　直後に，悟志と「僕」とがじゃれ合う姿が描かれている。弟に寄り添う「僕」の気持ちが表現されている。誤解が解け，喜び，うれしさがあふれている。　F　早く家に帰りたい理由は，母親が心配するということの他に，(D)の直前にあるように，家に帰って落ち着いてから悟志に話したいことがあるからである。

5 (古文一主題，内容吟味，文脈把握，脱語補充，口語訳)

〈口語訳〉 倹約と吝惜とは区別することが難しいものである。吝惜は私欲から出て，倹約は天の道理から出る。青砥左衛門が十銭を失って五十銭のたいまつを買って見つけたことができた類(のことは)，これ天下の損失を嫌って，私欲による利を忘れているものだ。倹約の道である。異国にもこの例がある。程伊川が，一貫の銭を馬の鞍に着けさせた。宿に着いて見てみると銭がない。召使が言うには，「(伊川先生が)今朝旅の準備をなさった場所で失ったのでなければ，川を渡った時に落としたのだろう」と言う。その時伊川先生は嘆きなさって，「千銭は惜しむべきだ」とおっしゃる。その時にその場にいた二人が答えて言うには，(一人が)「一貫の銭を失うことは，なんとまあ惜しいことだなあ」と言う。また一人が言ったことには，「千銭はわずかなものだ。気にするほどのことではない」と言う。また一人が言ったことには，「水の中にあることと袋の中にあることとは違いはない。ある人がそれを失えば(別の)ある人がこれを手に入れる。どうして嘆くことがあろうか，いや，嘆くことはない」と言った。伊川先生が言うには「人がこれを手に入れることがあれば失うわけではない。銭は天下国土に有用なものだ。もし水中に沈んでしまえば，永い間世に用いられることがないに違いない。私はこのことを嘆く」とおっしゃったことも，青砥左衛門の考えと変わることがない。どちらもその銭を天下の為に惜しんでいるものである。一粒の米，一枚の紙も，役立てないまま無駄にして失うことはすなわち天下の役に立つ物を無駄にして失う道理であるので，天地の生み出す成果を無駄にするという罪がある。

問一 (1) 直後に「吝は～，倹は～」とあって違いを説明している。 (3) 直前に「費やし失ふ」が繰り返されている。「そこなふ」は「損なう(＝駄目にする・こわす)」，「咎」は「罪科」の意味。

問二 「天下(＝公)」と「私(＝個人)」を比較している。「天下の損失を嫌って，私欲による利を忘れている」ので，「個人の損得はどちらでもよいと思っているということ」である。

基本 問三 Ⅰ「私の利を忘れたり」というのだから，「倹の道」である。 Ⅱ「青砥左衛門の心とかはる事なし」というのだから，「私の利を忘れたり」という心である。「銭を天下の為に惜しみたるもの」というのである。

重要 問四 ① 【ⅰ】「惜しき事」とあるから「もったいないことだと共感している」のである。【ⅱ】 直前に「千銭は微き物なり」とあるので，「気にするほどのことではない」と言っているのである。 【ⅲ】「失へば」と「得る」の対比に注目する。落としても誰かが拾って使うから無駄にはならず，「どうして嘆くことがあろうか，いや，嘆くことはない」というのである。

② 「もし水中に沈みなば，永く世に用ゆる事なかるべし」とある。水中に落とすと見つからないというのである。 ③「水中」と対比されているのは「嚢中」である。袋の中に入った状態で地上に落とした場合ならば，誰かが拾って使うことができるから，無駄にはならないというのである。

★ワンポイントアドバイス★

論説文は，筆者の考えや主張がどのような論理で述べられているかを正確に読み取る。小説は，心情を表す行動，会話を手がかりに気持ちや場面を正確に読み取る。また，表現の意味や効果に注意しよう。古文は，内容を大まかにつかんでから，さらに細部を読み取っていこう。

2022年度

★★★★★★★★★★★★★★★★★★★★★★★★

入　試　問　題

2022年度

甲陵高等学校入試問題（前期）

【数　学】（60分）〈満点：100点〉

【注意】 答えに根号が含まれるときは，根号をつけたままで表しなさい。また，円周率はπで表しなさい。

1　次の各問に答えなさい。

問（1）　$\dfrac{2x+y}{2}-\dfrac{x-3y}{3}$　を計算しなさい。

問（2）　$(-2x^2y)^3\div 4x^4y\times\left(-\dfrac{x}{y^4}\right)^2$を計算しなさい。

問（3）　$(\sqrt{8}\times\sqrt{18}-2\sqrt{32})\div\left(\dfrac{1}{\sqrt{2}+1}\right)^2$を計算しなさい。

問（4）　2次方程式　$2(x-3)(x+2)=(x-3)(x-1)$　を解きなさい。

問（5）　図のようなAD＝8 cm，CD＝6 cmの平行四辺形ABCDがある。

AG：GC＝2：3，FH∥ACのとき，EHとHCの長さをそれぞれ求めなさい。

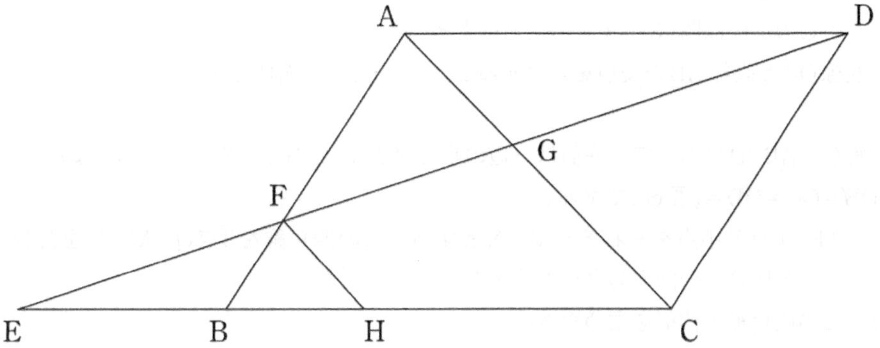

2　次の［1］，［2］に答えなさい。

［1］　箱A，B，Cにそれぞれ90個，70個，40個の玉が入っている。この3つの箱A，B，Cに，次の操作を繰り返す。

操作	3つの箱のうち最も多くの玉が入っている箱から，その箱の玉の数の$\dfrac{1}{10}$ずつを他の2つの箱に移す。ただし，玉の数の$\dfrac{1}{10}$が整数とならないときは，小数第一位を四捨五入して整数にする。例えば，箱の玉の数が23個のときは2.3を四捨五入した2個ずつの玉を他の2つの箱に移す。

箱Cの玉の数が最も多くなったら操作を終了するとき，操作が終了するまでに行った操作の回数を求めなさい。また，操作が終了したときの箱A，B，Cの玉の数をそれぞれ求めなさい。

［2］ 袋Aには1，2，3，4，5の数字が1つずつ書かれた5枚のカードが，袋Bには6，7，8，9，10の数字が1つずつ書かれた5枚のカードが入っている。2つの袋A，Bから1枚ずつカードを取り出したとき，袋Aから取り出したカードに書かれた数字をa，袋Bから取り出したカードに書かれた数字をbとする。次の各問に答えなさい。

問（1） カードの取り出し方は全部で何通りあるかを求めなさい。

問（2） $a+b$がいくつになるときの確率が最も大きいかを答えなさい。また，その確率を求めなさい。

問（3） 方程式$4x-a=b$をみたすxが整数となる確率を求めなさい。

3 関数$y=ax^2$…① のグラフについて，次の各問に答えなさい。

問（1） xの変域が$-1 \leqq x \leqq 2$のときのyの変域が$0 \leqq y \leqq 2$となるようなaの値を求めなさい。

以下の問題では，aは問（1）で求めた値とし，原点をOとする。

①のグラフ上のx座標が-1である点をA，x座標が2である点をBとする。

問（2） △OABの面積を求めなさい。

問（3） ①のグラフ上に，△OABの面積と△OBCの面積が等しくなるように点Cをとる。ただし，点Cは点Aとは異なる点である。
点Cの座標を求めなさい。

問（4） 点Cの座標は問（3）で求めたものとする。
直線OCと直線ABの交点をDとするとき，△BCDの面積を求めなさい。

4 四角錐O－ABCDにおいて，底面は一辺の長さが2 cmである正方形ABCD，また，$OA=OB=OC=OD=\sqrt{5}$ cmである。

問（1） AB，CDの中点をそれぞれM，Nとする。この四角錐を3点O，M，Nを含む平面で切ったときの切り口の図形の名称を答えなさい。

問（2） この四角錐の体積を求めなさい。

問（3） 辺OCの中点をPとする。この四角錐を3点A，B，Pを含む平面で切ったときの切り口の面積を求めなさい。

問（4） この四角錐を問（3）の平面で2つに切り分けたとき，点Cを含むほうの立体の体積を求めなさい。

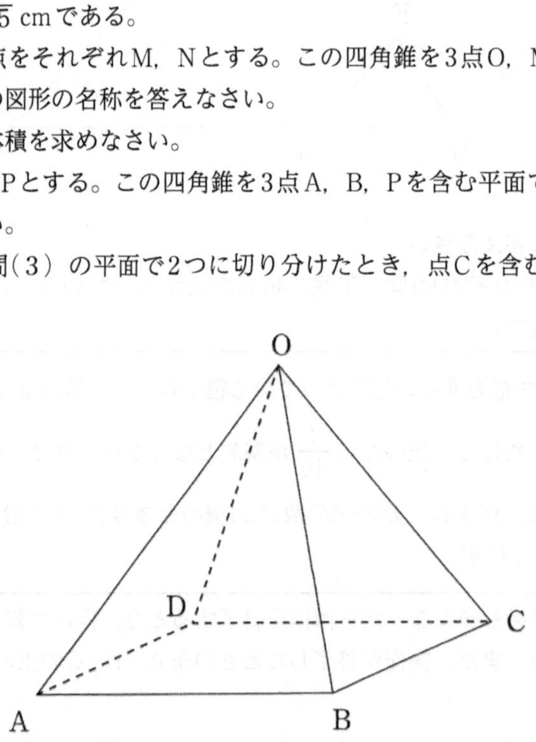

5　山登りが趣味のなおみさんは，次に行く登山の所要時間を予想しようと考えた。

そこで，「所要時間は歩行距離と標高差から計算できるのではないか」という仮説のもと，自身の過去9回分のデータを表（下表）にしたところ，おおよそ①式で計算できることに気づいた。ただし，歩行距離と標高差の単位はkm，所要時間と予想時間の単位は分である。

（予想時間）＝a×（歩行距離）＋b×（標高差）－15　…①

表

番号	1	2	3	4	5	6	7	8	9
所要時間	225	260	290	400	320	175	150	230	175
歩行距離	10.9	13.7	13.5	17.2	14.5	8.2	10.0	11.8	8.8
標高差	1.45	1.54	1.86	2.71	2.09	1.20	0.72	1.40	1.12
①式の誤差	0.5	−0.6	2.6	−0.9	1.9	0	0.2	1	1.2

注：①式の誤差とは，所要時間と①式による予想時間の差，すなわち，

（①式の誤差）＝（所要時間）－（①式による予想時間）

である。

次の各問に答えなさい。

問（1）　a，bの値を求めなさい。

問（2）　なおみさんの次の登山は，歩行距離が15.6 km，標高差が2.2 kmである。所要時間は何分かを，①式により予想しなさい。

【英　語】（60分）〈満点：100点〉

【注意】 答えを英語で書くときは，ブロック体でも，筆記体でもかまいません。

1 次の各設問に答えなさい。

問１　これから流れる会話を聞き，それに続く応答として最も適切なものを選び，数字で答えなさい。会話はそれぞれ２回ずつ読まれます。

（１）	1	2	3	4
（２）	1	2	3	4
（３）	1	2	3	4

問２　これから放送される会話を聞き，その内容に関する各設問の答えとして最も適切なものを選択肢から選び，記号で答えなさい。英文は２回放送されます。

（１） What was wrong with the shoes?

ア The color.　イ The design.　ウ The size.　エ The price.

（２） Which is true about the cake they ate at the birthday party?

ア It was a chocolate cake which Ken bought.
イ It was a chocolate cake which Ken's father bought.
ウ It was a cheese cake which Ken bought.
エ It was a cheese cake which Ken's father bought.

（３） Which is true?

ア Lisa enjoyed the party with Ken's family.
イ Ken felt sorry for his brother.
ウ The cake shop forgot Ken's order.
エ Lisa helped Ken choose the shoes.

問３　これから放送される英文を聞き，その内容に関する各設問の答えとして最も適切なものを選択肢から選び，記号で答えなさい。英文は２回放送されます。

（１） What happened in 1946?

ア A new festival started in Valencia town.
イ A vegetable shop started a new festival.
ウ A boy threw tomatoes because he was pushed.
エ People bought tomatoes at the festival.

（２） When do people have the tomato festival?

ア On every Wednesday in August.　イ On the last day of August.
ウ On the last Wednesday of August.　エ On the last Wednesday of every month.

（３） Which is true about the tomato festival?

ア People cannot throw tomatoes because it's dangerous.
イ About 14,000 people joined in the festival in 2012.
ウ Foreigners cannot join in the festival.
エ People have to pay to join in the festival now.

問４　これから以下の英文が音声で流れます。[　（1）　]～[　（3）　]に聞き取った語句を書きなさい。空欄にはそれぞれ複数の語が入ります。音声は３回流れます。

Every flower [　（1）　]. For example, a *four-leaf clover means "good luck." A blue rose also has a meaning but [　（2）　] story behind it. At first, the meaning of the flower was "impossible" [　（3）　] one in the natural world. However, in 2002, blue roses were produced and the meaning was then changed to "dreams come true."

（注） four-leaf clover　四つ葉のクローバー

※リスニングの放送台本は非公表です。

[2] 次の各設問に答えなさい。

問１　英文の（　　）に入る最も適切なものを選択肢から選び，記号で答えなさい。

（１） I'm tired because I (　　) my room since this morning.

ア　clean　　イ　will clean　　ウ　was cleaned　　エ　have been cleaning

（２） A：You love flowers, don't you? Here you are.

B：Oh, thank you! Where did you get (　　) roses?

ア　these　　イ　their　　ウ　its　　エ　this

（３） He didn't look so (　　) when he heard the news.

ア　surprise　　イ　surprises　　ウ　surprised　　エ　surprising

（４） A：Which should I eat, a pancake or ice cream?

B：You ate too much. If I (　　) you, I wouldn't eat anymore.

ア　be　　イ　am　　ウ　are　　エ　were

（５） You (　　　) cook tonight. I already ordered pizza for dinner.

ア　have to　　イ　don't have to　　ウ　must　　エ　haven't

問２　次の各組の文がほぼ同じ意味になるように______に入る語を１語ずつ書きなさい。

（１） We can see Mt. Fuji from Tokyo.

Mt. Fuji ______ ______ ______ from Tokyo.

（２） His speech was boring so I felt sleepy.

His boring speech ______ ______ sleepy.

（３） Silver is not as heavy as gold.

Gold ______ ______ than silver.

（４） Every morning, Lisa drinks coffee. She doesn't put sugar in it.

Every morning, Lisa drinks coffee ______ sugar.

（５） The novel won a prize. My cousin wrote it.

The novel ______ ______ my cousin won a prize.

問３　次の［　　］内の語を並べ替えて適切な英文を完成させ，３番目と５番目にあたる語を記号で答えなさい。ただし，文頭にくる語も小文字で示してある。

例　問題　　I [ア day / イ a cup / ウ every / エ of / オ have / カ milk].

並べ替え　I [have a cup of milk every day].

解答　　３番目　エ　　５番目　ウ

（1） Is it too easy for you? Do you［ア more / イ to / ウ difficult / エ something / オ want］solve?

（2） Have you tried this video game before? If you haven't,［ア me / イ you / ウ how / エ show / オ to / カ let］play.

（3） You still have a fever.［ア me / イ take / ウ do / エ want / オ to / カ you］you to the hospital?

（4） The［ア he / イ book / ウ me / エ interesting / オ was / カ gave］.

3 次の英文を読み，各設問に答えなさい。

Jerry Callahan is the *manager of a supermarket in America. His supermarket is very popular because it sells a new fruit. It's called Sumo fruit. What is it? How is it grown?

When Jerry started working at the supermarket, he learned that there was a new orange in Japan. It was called Dekopon and loved by many Japanese people. He ate it but couldn't believe that he was eating an orange. It was so sweet. He thought this would be a great hit in America and decided to sell it at his supermarket.

First, he planned to plant Dekopon trees brought from Japan. Planting the foreign trees was not an easy thing, so he worked really hard. However, people from the government stopped him. They thought the trees might have some disease. But Jerry didn't give up. He went to the government many times and *explained how safe the trees were. Finally, he was able to plant them.

（ ① ）Jerry planted the Dekopon trees, it didn't mean his job was finished. He still had a lot of things to do. It took a lot of time and effort to grow Dekopon. The farmers needed more than four years to grow the fruit before they could sell it. When the fruit became big, they needed to put a cover on it. By doing so, they protected it from strong sunlight. Also, the fruit was easily *damaged, so they had to pick it by hand.

With a lot of effort, he was able to grow Dekopon in America. Now, he needed an English name for the fruit to sell it. He wanted people to remember the name easily. He came up with a great name: Sumo. Dekopon grown in America was very big, like a Sumo wrestler, *rikishi* in Japanese. Many Americans knew the Japanese traditional sport, Sumo. Finally, he was ready to sell his Sumo fruit.

At first, *sales were slow. Maybe this was because Sumo fruit was very expensive.

②

Then, more and more people bought the fruit, and sales went up rapidly. Now, a lot of Americans love the fruit.

（注） manager 経営者　explain 説明する　damaged 傷がつく　sales 売上

問1 次の英文の＿＿＿＿に入るものを選択肢からそれぞれ選び，記号で答えなさい。

(A) When Jerry ate Dekopon for the first time, he ＿＿＿＿.

ア was surprised because it was not an orange

イ thought it didn't taste good

ウ liked it because it was popular in Japan

エ was surprised at its sweet taste

(B) Jerry was able to plant Dekopon trees ＿＿＿＿＿＿.

ア because it was not difficult for him to grow them

イ after he visited the government many times

ウ because Japanese people said they were safe

エ after he took care of the disease

(C) The farmers needed to put a cover on the fruit because ＿＿＿＿＿＿.

ア strong sunlight was not good for it

イ they couldn't touch it by hand

ウ they needed over four years to grow it

エ strong sunlight was necessary for it

(D) Jerry named the fruit Sumo because ＿＿＿＿＿＿.

ア he liked Sumo wrestlers　イ he was not ready to buy it

ウ it was easy to remember　エ it was called Sumo in Japan

問２ （　①　）に当てはまる語を選択肢から選び，記号で答えなさい。

ア Because　イ Before　ウ Though　エ Since

問３ ［　②　］に当てはまるように以下の文を並べ替え，その順番を記号で答えなさい。

ア He used SNS to get people's attention.

イ So, he decided to do his best to sell it.

ウ But Jerry believed that people would love the fruit.

エ Also, he put the fruit at the front doors of the supermarket.

4　次の広告の内容について，各設問に答えなさい。

Moria Pet Hotel & Care Center

Thank you for using our pet hotel and care center, a welcoming place for dogs & cats to stay while you're away! We are the only pet hotel in the city of Moria.

3000 guests used our hotel last year! We are open from 9 a.m. to 5 p.m. every day!

Price List		Short Stay	One Day (Check out at 1 p.m.)	
		Less than 6 hours	Monday－Friday	Saturday－Sunday
One Dog	Small	¥2,000	¥3,000	¥4,000
	Big	¥3,000	¥4,000	¥5,000
One Cat		¥1,000	¥2,000	¥3,000

Other kinds of animals can also stay. Please call us for more information.

★EXERCISE

・Dogs can play outside every day and in the swimming pool on weekends.

・Towers and toys are in every room for cats.

・We take your dog for a walk once in the morning and once in the evening.

★FOOD

・We serve healthy food we prepare for your pets.

・You can also bring the food your pet usually eats.

★SPECIAL SERVICES

・We'll wash your dog with our special shampoo if it stays for 7 days.

・You can watch your pet anytime on your smartphone! (¥1,000/a day)

問１　次の英文の＿＿＿＿＿＿に入るものを選択肢からそれぞれ選び，記号で答えなさい。

(A)　You have one small dog and one big dog. If they stay for five hours without any special service, you will pay ＿＿＿＿＿＿.

ア　¥5,000　　イ　¥7,000　　ウ　¥9,000　　エ　¥10,000

(B)　If your two cats stay for three days from Thursday to Saturday without any special service, it will cost ＿＿＿＿＿＿.

ア　¥5,000　　イ　¥7,000　　ウ　¥10, 000　　エ　¥14,000

(C)　Your dog will be washed ＿＿＿＿＿＿.

ア　after it plays outside　　イ　in the swimming pool

ウ　if it stays for a week　　エ　on weekends

問２　広告の内容と一致しているものを次から二つ選び，記号で答えなさい。

ア　Moria has only one hotel for pets.

イ　Only cats and dogs can use the hotel.

ウ　Dogs and cats go for a walk twice a day.

エ　Dogs can play with towers and toys.

オ　You can't bring food for your pet to this hotel.

カ　You can watch your pet on the smartphone screen if you pay.

5　次の英文を読み，各設問に答えなさい。

"Suriel? What's that?" I asked my mother. That morning I was drawing a picture of the forest that I could see from my window. The forest was behind our house. It was very deep and always dark. Then my mother told me to draw Suriel in it. I didn't know what Suriel was. "He is a *fairy living in the *middle of the forest. He knows everything. He answers any question that people ask." "How can he do that?" I asked. My mother smiled and said, "It's a magic forest. Sometimes strange things can happen."

The next day, I decided to go and look for Suriel. I did so because my mother often talked *nonsense. For example, once she told me that the moon was made of cheese. I knew that was nonsense. She also told me stories about frogs, princesses, magic mirrors and flying trees. Were all these stories true? I was never sure, and it was difficult to find out.

This time, however, it was going to be easy. If I could find Suriel, my mother was telling the truth. Some people called my mother a *witch, but I knew that she wasn't. Maybe she was a little strange. Perhaps it was also because we had a black cat. People say that witches always have black cats. But Taz was just a usual black cat. Well, maybe you wouldn't think so. In fact, he could talk. He was my best friend.

When people said my mother was a witch, I told them that witches don't have children. "Yeah," they replied, "That's true. But you look more like an *elf than a human kid." I often looked in the mirror for a long time when I was alone in the house. I thought I looked like a human kid, but I never asked my mother about that.

Anyway, I was telling you about looking for Suriel. With Taz, I went into the forest. This was the first time for me to enter the forest. I was a little afraid and glad to have Taz with me. "Be careful of the *wolves!" said Taz. "Yes ... and the grandmothers too!" I joked. "Let's not leave the *path!" I always felt safe with Taz.

"[①]" I asked Taz. "Suriel? I don't know," said the cat. "I guess we'll just have to find out." We walked on into the forest. The trees got taller and taller and taller. The forest got darker and darker and darker. "What does he look like?" asked Taz. "My mother said he wears a long black coat and has green eyes." "What are you going to do when you find him?" "Of course, I'm going to ask him a question." "[②]" "I can't tell you. Mom said that's the rule." "Oh, I see." We kept on walking in silence.

At last, we got to the middle of the forest. There was a big space with no trees and, in the middle of the space, we saw something strange. It looked like a man at first but when we came closer, we realized that he was a *stone statue. "[③]" asked Taz. "I guess so." I said so because he was wearing an old black coat and his eyes were painted bright green. "So, what will we do now?" asked Taz. "I will just leave my question here." I put the bottle I brought from home at the foot of the statue. There was a sheet of paper in it. "Do you really think this man knows the answer to your question?" asked Taz. I said nothing and looked into the green eyes. I had a strange feeling. I felt they were saying, "[④]" Yes, I said in my mind. I came here because of my mother but now I really wanted to know what Suriel would say.

（注） fairy 妖精　middle 真ん中　nonsense ばかげた話　witch 魔女
elf 妖精　wolves wolf（オオカミ）の複数形　path 道　stone statue 石像

問１　次の英文の＿＿＿＿＿＿に入るものを選択肢からそれぞれ選び，記号で答えなさい。

(A) The writer went into the forest ＿＿＿＿＿＿.

ア　because the forest was her favorite place to play
イ　because she couldn't believe her mother was telling the truth
ウ　because her mother told her to find Suriel
エ　because she thought that she could find the moon made of cheese

(B) The writer ＿＿＿＿＿＿.

ア　got an answer from Suriel
イ　was told that she was an elf by her mother

　　ウ　had a grandmother who lived in the forest

　　エ　had a cat who was different from other cats

問２　英文中の［　①　］～［　④　］にそれぞれ当てはまるものを一つずつ選び記号で答えなさい。ただし，同じ選択肢を重複して選ぶことはできない。

　ア　Is this Suriel?

　イ　Do you think he's real?

　ウ　Have you ever heard of him?

　エ　What do you want to know?

　オ　Do you really want the answer?

問３　以下の出来事を起こった順番に並べ替え，記号で答えなさい。

　ア　The writer was told that she didn't look like a human kid.

　イ　The writer put her question at the foot of Suriel.

　ウ　The writer's mother told her about Suriel.

　エ　Taz asked the writer what her question was.

　オ　The writer decided to go to find Suriel.

に自分よりも劣っているものから学ぶことを拒んでしまったということ。

ウ　管仲も隰朋も苦境に立たされた時には、身分の高い自分よりも立場の弱い者の方が常識にとらわれず柔軟に対応できると思い知らされたということ。

エ　管仲も隰朋も困難に直面した時、最後まであきらめることなく自分の力を信じて解決策を探そうとする姿勢を持つことができたということ。

〈⑤〉

ア　昔の教養ある人は相手の身分に応じて対応を変えるが、今の人々は相手の身分に関係なく知恵を借りることができる。

イ　昔の優れた者はあらゆるものから学ぼうとするが、今の人々は愚かであるにもかかわらず優秀な者からも学ぼうとはしない。

ウ　昔の徳のある者は自分の未熟さも受け入れられるが、今の人々は自らを優秀だと勘違いしていて誰からも学ぶことがない。

エ　昔の立派な人は誰からでも教えを受けるが、今の人々は愚者を相手にせず身分の高い者のみから学ぼうとしている。

〈⑥〉

ア　過失　　イ　過程　　ウ　過度　　エ　通過

〈⑦〉

ア　間違っていることだ　　イ　昔と異なってしまった

ウ　やりすぎであろう　　エ　災いとなるはずだ

すか。

生徒b　辞書を引きました。この「迷惑」は現代語と違って〈　①　〉という意味です。

生徒a　なるほど。「春往き冬返る」では季節が違うから景色も違っていただろうし、この部分は〈　②　〉と解釈できそうです。

先生　いいですね。では、隰朋の発言はどういう意味なのでしょう。発言の後の文を読むと空欄［A］に入る言葉の内容をおおよそ推測できるのではありませんか。

生徒a　はい、〈　③　〉という内容ですね。

先生　そうですね。

生徒b　次の「管仲・隰朋の知を以て、その知らざる所に至りては、老馬と蟻とを師とするを難しとせず」はこれまでの話のまとめだと考えていいですよね。

生徒a　するとその部分は〈　④　〉と解釈できますね。

先生　そうですね。そして最後の二つの文は「今人」に対する作者の意見が述べられます。

生徒b　そうか。「今人その愚心を以て聖人の知を師とするを知らず」は〈　⑤　〉という解釈で、「また過たざるや」と嘆息しているということですね。

先生　そうです。では「過」のここでの意味もわかりますか。

生徒a　はい。〈　⑥　〉の「過」と同じ意味です。

生徒b　では、「また過たざるや」は〈　⑦　〉という意味ですか。

先生　そうですね。

〈①〉

ア　思いがけない状況に対して驚く

イ　自分のおろかさを情けなく感じる

ウ　他人の行為によって嫌な思いをする

エ　どうすればいいか判断できず困る

〈②〉

ア　孤竹の抵抗に遭ううちに冬になってしまい、適切な戦法がわからなくなったということ。

イ　孤竹の冬の厳しい寒さの中で軍を進めるのは非常に難しく、苦しんだということ。

ウ　春から冬まで何ヶ月も戦ううち、戦の目的を見失ってしまったということ。

エ　春に孤竹の討伐に向かい、冬に帰還する時、迷って道がわからなくなったということ。

〈③〉

ア　蟻に水を与えると願いがかなうと聞く

イ　蟻の巣の下には水があると言われている

ウ　蟻は気温変化を敏感に感じ取るらしい

エ　蟻よりも早く水を手に入れるべきだろう

〈④〉

ア　管仲と隰朋は自分の力ではどうにもならない状況になった時、たとえ老馬や蟻からであってもその知恵に学ぶことを嫌がらなかったということ。

イ　管仲と隰朋は未知の出来事に出会った時でも、老馬や蟻のようはなく、努力する人とその努力を支える人に分かれると気付いたということ。

問八　本文中の波線部の表現からわかる、登場人物の心情や特徴、場面状況の説明として、**適当でないもの**を次の中から一つ選び、記号で答えよ。

ア　「『暑い暑い暑い暑い暑い』」「あたしに背中を向けたまま、ランニングシャツを脱いで、汗に濡れた角刈りの髪をごしごしと拭いた」という表現からは、「お父さん」が、大人の問題に口出しをする「美奈子」に怒りを感じている様子が読み取れる。

イ　「その隙に」「予定ではもっとおとなっぽく言うつもりだったけど、本番になると息がうまく吸い込めずにうわずった早口になった」という表現からは、「美奈子」が自分のための学資保険を「佐々木さん」に貸すという提案を以前から考えていた上に、気負っている気持ちを隠して切り出そうとしていたことが読み取れる。

ウ　「さらりと、キツいことを言われた」「いつものクールな苦笑い」という表現からは、「お母さん」は普段から「美奈子」に対して、激しくぶつかり合うよりも冷静にたしなめることで本人の自覚を促すような接し方をしていることが読み取れる。

エ　「トマトジュース、もうなくなっちゃったけど」「あ、ファイブミニ一本あるけど、飲む？」「……ヤクルト、飲む？」という言葉からは、「お母さん」が深刻な雰囲気を和らげながら「佐々木さん」の話をしようとしている様子が読み取れる。

5　次の【古典の文章】と、その内容に関する【会話文】を読んで、〈①〉から〈⑦〉にあてはまる言葉として最も適当なものを、それぞれ選択肢から選び、記号で答えよ。

【古典の文章】

〔注1〕管仲《かんちゅう》・隰朋《しゅうほう》は〔注2〕桓公《かんこう》に従ひて〔注3〕孤竹《こちく》を伐《う》つ。春往《ゆ》き冬返るに、迷惑して道を失ふ。管仲曰《い》はく、「老馬の知、用ふべきなり。」すなはち老馬を放ちてこれに従ひ、つひに道を得たり。山中を行くに、水無し。隰朋曰はく、「蟻《あり》は、冬に山の陽《みなみ》に〔注4〕居り、夏に山の陰《きた》に居る。［　A　］。」すなはち地を掘り、つひに水を得たり。管仲・隰朋の知を以て、その知らざる所に至りては、老馬と蟻とを師とするを難《かた》しとせず。今人《きんじん》その愚心を以て聖人の知を師とするを知らず。また過《あやま》たざるや。

（『蒙求』による）

注1　管仲・隰朋→人名。ともに古代中国、春秋時代の斉の国の名臣。
注2　桓公→斉の国の君主。
注3　孤竹→古代中国にあった小国の名。
注4　居り→ここでは「巣を作り」という意味。

【会話文】

先生　みなさん、【古典の文章】はわかりましたか。

生徒a　「春往き冬返るに、迷惑して道を失ふ」ってどういうことで

問四 (4)考えても考えても、自分の言ったことが間違ってるとは思えなかった とあるが、この時の「美奈子」の思いを説明したものとして最も適当なものを次の中から選び、記号で答えよ。

ア このままでは周囲の人々を誰も幸せにできないということを「お父さん」に伝えたことは、家族のためにも必要だったと改めて感じている。

イ 自分が自立して生きていくためには、学資保険は「佐々木さん」のために使ってしまう方が良いということを「お父さん」に理解させたいと思っている。

ウ 自分が必要としていないお金を「佐々木さん」に貸すことは良い案だと思っているので、「お父さん」から強く拒絶されたことに納得できずにいる。

エ 美容師になることに反対している「お父さん」からの支援は受けたくないという決意を伝えた以上、その考えを貫き通すつもりでいる。

問五 (5)お母さんもそう思うでしょ？ (7)あんたみたいな子にとってはね とあるが、「応援」に対する二人の考えには違いがある。その違いを説明した次の文の空欄に入る適当な語句を答えよ。ただし、空欄①は五字程度、空欄②は二十字程度で書くこととする。

> 「美奈子」は「応援」を【 ① 】と考えているが、
> 「お母さん」は「応援」を【 ② 】と考えている。

問六 (6)お母さんは少し考えてから、あたしのために持ってきたはずのトマトジュースを自分で飲んで、言った とあるが、この時の「お母さん」の心情を説明したものとして最も適当なものを選び、記号で答えよ。

ア 「お母さん」の考えを気にしている「美奈子」を見て、自分の意見に自信を持たせたいと考えている。

イ 「お父さん」と「美奈子」の仲をとりもつためには、「佐々木さん」の話から一旦離れるべきだと考えている。

ウ 「お父さん」の考えを全く理解していない「美奈子」に対し、どのように説明したら理解できるか考えている。

エ 「佐々木さん」にお金を貸す案には賛成だが、「お父さん」を否定するような言い方はたしなめるべきだと考えている。

問七 (8)そのときに感じた、納得しきれないひっかかりの正体が、やっとわかった とあるが、どういうことか。その説明として最も適当なものを次の中から選び、記号で答えよ。

ア 人間には、成果に向けて努力する人とその成果を享受する人だけでなく、努力する人を一緒に支える人もいるということに気付いたということ。

イ 人間には、成果に向けて努力をし続けられる時と誰かに支えてもらいたい時があり、どちらかだけで生きていけるわけではないと気付いたということ。

ウ 人間は、成果に向けて努力する側面と、誰かの努力を支えている側面を持ち、どちらかだけで生きていくわけではないと気付いたということ。

エ 人間は、成果に向けて努力する人とその成果を享受する人であ、マジ……」

お母さんは今度もまた笑うだけだった。

（重松清「団旗はためくもとに」による）

注1 「団」→「お父さん」は大学時代に応援団の団長を務めていた。「佐々木さん」はその仲間の一人。

問一 (1)ハイスイのジンに関して、後の（ⅰ）（ⅱ）の問いに答えよ。

（ⅰ）①「ハイスイ」を漢字に直せ。

②「ジン」と同じ漢字を用いるものを次の中から一つ選び、記号で答えよ。

ア 相手の出方を見極めることがカンジンだ。
イ 試合前に仲間とエンジンを組んで気合いを入れる。
ウ ジンソクな対応が必要とされる事態だ。
エ ジンチを超えた存在に対して祈りをささげる。

（ⅱ）語句の意味として最も適当なものを次の中から選び、記号で答えよ。

ア あえて絶体絶命の状況を作って、死力を尽くすように仕向けること。
イ 自分の利益だけでなく他者の利益も考えることで、物事を成功に導くこと。
ウ 大切なことに注力できるように、その他のことを速やかに片付けること。
エ 身を滅ぼす結果となっても、敵対する相手からの情けを受けないこと。

問二 (2)いいから、二階に上がれ！　朝まで下りてくるな！　とあるが、この時の「お父さん」の心情を説明したものとして最も適当なものはどれか。次の中から選び、記号で答えよ。

ア 「佐々木さん」に、安易にお金を貸そうとする「美奈子」の考えに腹を立てているが、距離を置くことでそれを直接ぶつけまいとしている。
イ 「佐々木さん」にお金を貸すことに気持ちが傾いていたのだが、「美奈子」に学資保険のお金を貸すとまで言われ、かえって意固地になっている。
ウ 「佐々木さん」を心配してお金を貸そうとする「美奈子」の思いに内心では感心しているが、娘を犠牲にするうしろめたさを大声を出すことでごまかそうとしている。
エ 「佐々木さん」を心配する気持ちを隠して何気なくふるまっていたが、「美奈子」にそれを見抜かれていたことにきまり悪さを感じている。

問三 (3)ゆうべはカッとなって悪かった、という伝言もことづかっていた　とあるが、誰から誰への伝言を、誰が「ことづかっていた」のか。次の空欄にあてはまる人物を次の中からそれぞれ選び、記号で答えよ。

【①】から【②】への伝言を、【③】がことづかっていた。

ア お父さん　イ お母さん
ウ 美奈子　エ 佐々木さん

できないけど、その代わりスタンドから思いっきり大きな声を出して、太鼓を叩《たた》いて、選手に教えてあげるの。『ここにオレたちがいるんだぞーっ、おまえは一人ぼっちじゃないんだぞーっ』てね」

いつだったか、アサミと話したことを思いだした。

人間は二種類――グラウンドで試合をするひとと、それをスタンドから見てるひとに分けられる。

(8)そのときに感じた、納得しきれないひっかかりの正体が、やっとわかった。

応援団だっているじゃん。

そっか、そっか、そーなんだ、と一人でうなずいていたら、いままでばらばらだった考えがやっとひとつにつながったような気がした。雑誌のクロスワードパズルで、縦のカギを順に解いていったら、自然と横のカギの答えがわかった、みたいに。

お母さんはキッチンでトマトジュースの残りを飲み干して、話をつづけた。

「でも、試合してる選手が一所懸命がんばってないと、応援する気なくなっちゃうでしょ。勝ち負けとか、強いとか弱いとかじゃなくて、一所懸命にやってないとね」

「……『なんとなく』じゃだめだよね」

返事の代わりに、お母さんは冷蔵庫のドアを開けて「トマトジュース、もうなくなっちゃったけど」と言った。

「ううん、いい」

「佐々木さんのことは、あんたが考えなくていいからね」

「うん……」

「あ、ファイブミニ一本あるけど、飲む？」

「いらない」

「お父さんね、佐々木さんが正面から借金の申し込みしてきたら、貸しちゃったと思うの。必要なお金のぜんぶは無理でも、まあ、自分のできる範囲で……ヤクルト、飲む？」

「いらないって、なにも」

「でも、佐々木さんが自分から言わないうちは、見てるしかないの。応援してるしかないの。それが、なんていうか、友情だから、お父さんたちの」

あたしはコーンフレークをすくったスプーンをお皿に戻した。

「ねえ、お母さん」

「なに？」

「美容師さんってさあ、応援団っぽくない？　髪型をちょっと変えるだけで、お客さんのこと元気にしてあげたり、気持ちを切り替えさせてあげたり……たいしたことじゃないかもしれないけど、お気に入りのカットハウスが自分の街にあるって、なんか、心強いっていうか、ひとりぼっちじゃないぞっていうか、そんな気しない？」

お母さんは「そう？」と笑いながら答えただけだった。でも、その笑い方はいつものクールな苦笑いじゃなくて、ほんのちょっとだけ嬉《うれ》しそうに聞こえた。

「そういうカットハウスっていいよね。いいと思わない？　思うでしょ？　テレビとか雑誌とかに出るようなカッコいいお店じゃなくていいし、椅子《いす》が三つしかないような小さなお店でいいんだけど、街のみんなが大好きなお店なの、そういうところで働くのって、いいなきょとんとしたお母さんと目が合うと、急に悲しくなって、悔しくなって、恥ずかしくなって、頭の中がパニックになった。

お父さんはランニングシャツで髪を拭く。乱暴な手つきで、あたしを振り向かず、ごしごし、ごしごし、ごしごし、ごしごし……。

金曜日は、また朝から雨だった。週末いっぱい降りつづきそうだ、とお昼前に読んだ朝刊に書いてあった。

頭痛がするから、と学校を休んだ。お父さんの望みどおり二階の部屋から一度も外に出なかった。お父さんの顔を見たくなかったし、それ以上に、お父さんに顔を見られたくなかった。

朝昼兼用のコーンフレークを食べていたら、お母さんが冷蔵庫から缶入りのトマトジュースを出してくれた。

「具合どうなの?」と、あまり心配したふうもなく訊いてくる。生まれて初めてのズル休み、たぶん見抜かれてるんだろうな。

お母さんは話のいきさつをお父さんからあらかた聞いていた。(3)ゆうべはカッとなって悪かった、という伝言もことづかっていた。

「でも、お父さんが怒る気持ちもわかるわよ。ああいうこと、子どもが言っちゃだめよ」

「子どもでもおとなでも、それで佐々木さんが助かるんだから、いいじゃん」

「そういうものじゃないわよ」

「お金が必要なひとにはお金を貸してあげるのがいちばんなんじゃないの?」

ゆうべもベッドの中でずっと考えていた。(4)考えても考えても、自分の言ったことが間違ってるとは思えなかった。

「がんばれって言ったりエールをきったりしても、ぜんぜん役に立たないじゃん。そんなの自己満足っていうか、ばかみたいじゃん」

「まあ、応援っていうのは、そういうものよね」

「でしょ? でしょ? (5)お母さんもそう思うでしょ? 意味ないよね、はっきり言って」

(6)お母さんは少し考えてから、あたしのために持ってきたはずのトマトジュースを自分で飲んで、言った。

「(7)あんたみたいな子にとってはね」

「どういうこと?」

「応援してもらえないひとには、応援するひとの気持ちなんてぜったいにわからないのよ」

「……なんか、こっちが悪いみたいな言い方じゃん」

「悪いんじゃない?」――さらりと、キツいことを言われた。

「なんで?」

「だって、いまの美奈子だったら、応援する気にならないもん。お父さんみたいなひとが応援する気にならないなんて、あんた、それはそれでたいしたもんじゃない」――もっと軽く、もっとキツく。

お母さんは飲みかけのトマトジュースの缶を手に席を立ち、キッチンに入った。

「あのね、美奈子。応援するっていうのは『がんばれ、がんばれ』って言うことだけじゃないの。『ここにオレたちがいるぞ、おまえは一人ぼっちじゃないぞ』って教えてあげることなの。応援団はぜったいにグラウンドには出られないの。野球でもサッカーでもいいけど、グラウンドは選手のものなの。そこにずかずか踏み込むことは

4 次の文章を読んで、後の各問いに答えよ。

> 「美奈子」は高校を中退しようと決意し、両親にも話しているが、その後のことは決めかねていた。最近、髪を切ったことをきっかけに美容師を目指そうと思い始めたが、両親にはまだその話をしていない。

そして、木曜日――関東地方も梅雨に入った。雨は夕方になってあがったけど、じっとりとした蒸し暑い夜になった。

夜十時過ぎに帰ってきたお父さんは、部屋に入るなり「暑い暑い暑い暑い暑い」と背広もワイシャツも脱ぎ捨てて、ランニングシャツ一枚でエアコンの真下に立って風を浴びた。

お母さんは「皺《しわ》になっちゃうから早くハンガーに掛けといてよ」なんてぶつくさ言いながらキッチンに入って、晩ごはんの温め直しに取りかかった。

その隙に、あたしはお父さんの背中に声をかけた。

「ねえ、佐々木さんどうなったの?」

「うん?」

「ほら、借金のこと」

お父さんは、ああ、あれか、と背中を向けたままうなずいて、「だいじょうぶだよ」と言った。「佐々木は〔注1〕『団』の頃から根性があったから、なんとか乗り切るさ」

「連絡ないの?」

「……ああ。でも、美奈子が心配することじゃないから」

「あのさ、お父さん、あたしね、ふと考えたわけ。あたし、高校やめるじゃん? ってことは、基本的には大学にも行かないわけ。ってことは、学資保険とかあるじゃん、それ、もういらないじゃん。ってことは、佐々木さんにそのお金、貸してあげてもいいかな、みたいな」

予定ではもっとおとなっぽく言うつもりだったけど、本番になると息がうまく吸い込めずにうわずった早口になった。

「そんなこと、美奈子は心配しないでいいんだ。関係ないんだから」

お父さんはあたしに背中を向けたまま、ランニングシャツを脱いで、汗に濡れた角刈りの髪をごしごしと拭《ふ》いた。

「佐々木さんには関係ないけど、あたしにはあるの。(1)ハイスイのジンにしたいわけ。逃げ道をふさぐっつーか、ほら、学資保険のお金とかあると、やっぱ甘えちゃうじゃん」

リアクションを確かめる前に、一気につづけた。

「あたし、美容師さんになりたいの。学校やめて専門学校に行くんだけど、そのお金はバイトで返すから、お父さんに借金ってことでいい? いいよね? わがまま言って高校中退するわけじゃん、こっちも、迷惑とかかけたくないわけ。だから、学資保険のお金から入学金だけ、とりあえず借りるけど、あとは佐々木さんに……」

「美奈子、二階に上がってろ」

「え?」

「お父さんが本気で怒る前に、上がってろ」

「……ちょっと、なんで?」

「(2)いいから、二階に上がれ! 朝まで下りてくるな!」

お母さんがキッチンからあわてて顔を出して「どうしたの?」と訊《き》いた。

生徒c　あっ、それがまさに、**【文章Ⅰ】**にある、「異化」によって「それまで私たちがある基準を全く無条件に肯定してきてしまっていたことを、初めて意識させられる」ってことじゃないの？私たちも、おそらく他の多くの人も《泉》のような芸術作品を見ると、[Y]ってことなのかもね。

生徒a　なるほどね！

（i）[X]にあてはまる言葉として最も適当なものはどれか。次の中から選び、記号で答えよ。

ア　汚いと敬遠してしまう便器だけど、もしそれがなかったらと考えさせることで、実は私たちの生活に欠かすことができないものだと気付かせる

イ　日常的に使っていてその存在にすっかり慣れてしまった便器を、一個の物体として見せることで、便器ではないものに見えるようにする

ウ　普段は何気なく使っている便器について、歴史や材質を意識させて違う視点を与えることで、価値ある大切なものに感じられるようにする

エ　本来はトイレにあるはずの便器をあえて特別な状況に置いて見せることで、便器はどこに置いても便器に見えるということに気付かせる

（ii）[Y]には直前の波線部「それまで私たちがある基準を全く無条件に肯定してきてしまっていたことを、初めて意識させられる」を《泉》の例にあてはめた場合の説明の言葉が入る。これにあてはまる言葉として最も適当なものはどれか。次の中から選び、記号で答えよ。

ア　芸術がわからないのは作品のせいだって無意識のうちに考えていたことを認識できる

イ　芸術とは美しいものだっていう価値観を知らず知らずのうちに持っていたことに気付ける

ウ　作者の個性が表れているっていう点でどんな芸術作品にも価値があると知ることができる

エ　本当は芸術って専門知識がない人でも自由に楽しんでいいものなんだって教えられる

問七　**【文章Ⅰ】**で用いられている例の役割を説明したものとして適当なものを次の中から一つ選び、記号で答えよ。

ア　「机」「雨」の例は、何度も見て正確に捉えられるようになった対象でも、しばらく見ないうちに誤った捉え方をしてしまうことを示す役割がある。

イ　「マイクロ・スコープ」の例は、同じものでも全く別のものに見えることや私たちが無自覚の価値観を持っていることを示す役割がある。

ウ　「ウィキペディア」を参考にして人間について表現した文の例は、克明な描写がもののイメージを正しく他者に伝え、誤解を生まれにくくすることを示す役割がある。

エ　「なぞなぞ遊び」の例は、普段している常識的なものの見方を疑ってみることで、身近なものが非常に価値を持ったものに見えてくることを示す役割がある。

エ　皆がよく知っているものを何度も繰り返し見ることで、自分も他の人と同じようにそれを捉えられるようになるということ。

問三　(2)自動的　とあるが、ここで使われている意味の同義語としてふさわしい言葉はどれか。次の中から最も適当なものを選び、記号で答えよ。

ア　機能的　　イ　自主的　　ウ　習慣的　　エ　必然的

問四　(3)あるいはその逆なわけですが　とあるが、「その逆」の示す内容は何か。解答欄に合うように二十五～三十字で書け。

問五　[C] にあてはまる言葉として最も適当なものはどれか。次の中から選び、記号で答えよ。

ア　ある対象を具体的なものを排して観念的に説明する

イ　同じ対象をそれまでとは全く異なる視点に立って表現する

ウ　身近な対象を普段私たちがしているよりも叙情的に描写する

エ　やりとりを通して対象に関する互いの知識を確認する

問六　次の【文章Ⅱ】はマルセル・デュシャンというアーティストが発表した《泉》という美術作品について論じたものである。またそれに続くのは【文章Ⅰ】と【文章Ⅱ】を読んだ生徒たちの【会話文】である。これを読んで後の（ⅰ）（ⅱ）の問いに答えよ。

【文章Ⅱ】

　これは、街中のトイレに設置されているようなありふれた便器です。デュシャンが作者としてやったことといえば、便器を選び、逆さにして置き、端っこにサインをし、《泉》というタイトルをつけた――ただそれだけです。（中略）「便器を置いただけのアート作品」なんて、さすがに呆《あき》れるか、それを通り越して腹が立ってきたかもしれません。

　しかし、そのように感じたのは決してみなさんだけではありません。この作品は、当時の展覧会に展示することさえも拒絶された「超問題作」だったのですから。

（末永幸歩『自分だけの答えがみつかる13歳からのアート思考』による）

【会話文】

生徒a　【文章Ⅱ】にあるデュシャンの《泉》ってただの便器だよね。どうしてこれが美術作品なのか全然わからないよ。【文章Ⅱ】にある通り、本当にあきれちゃう。芸術ってわからないな。

生徒b　うーん、【文章Ⅰ】に「芸術の目的」っていう言葉があるよね。《泉》にも何か目的があるんじゃないかな。

生徒c　なるほどね。《泉》の芸術作品としての目的って何なんだろう。それを考えるにはすぐ前にある傍線部（1）について考えることが必要だと思うな。

生徒b　私もそう思う。傍線部（1）を《泉》に当てはめてみると、[X] ってことになるんじゃないかな。

生徒a　それが「知覚への衝撃」「表現による衝撃」ってことか。でもそれがすごく美しいものだったら芸術って感じがするけど、便器なんて薄汚いし、全く美しさがないと思うんだけど。

生徒b　それはわかる気がする。他にも、全然美しいと思えない芸術作品ってあるよね。芸術って美しいものなんじゃないのかな？

に人間の細部の外観だけを正確克明に描写するような、言い換えれば感情移入的なものの見方を排して、その外観だけを（注4）即物的《ザハリッヒ》に描写するような表現の仕方です。その意味で表現による衝撃もまた、私たちの自動的な〈認識〉を〈見ること〉へと戻し、対象を〈異化〉する工夫の一つであると言うことが出来ます。

実は私たちが幼い頃から楽しんできた「なぞなぞ遊び」は、その最も基本的な形です。「ギリシャ神話」の中で有名ななぞなぞは、スフィンクスが通りかかる旅人に向かって、「朝は四本足、昼は二本足、夕は三本足の生き物は何だ?」と出すものです。答えは何かと言うと、「人間」。赤ん坊の時はハイハイをして「四本足」、やがて立ち上がって歩くようになれば「二本足」、そして歳を取って杖《つえ》をつくようになると「三本足」というわけです。つまり「朝」「昼」「夕」は、人間の一生を喩《たと》えたものであって、答えを聞くと、なるほど「人間」をそんなふうに表現してみることも出来るのかと、改めて対象を〈見ること〉になります。以前、なぞなぞの代名詞として「上は洪水、下は大火事、これ何だ?」というのがあって、答えは「お風呂」なのですが、今はそういうお風呂がなくなってしまっているので、皆さんにはピンとこないかもしれません。しかし当時の私たちは、その答えを聞いて、「あっ、そうか。」と「お風呂」に対する別な表現の仕方に気付かされ、それをみんなで面白がっていました。そんなふうにいくつかの「なぞなぞ遊び」は、［ C ］ことで、私たちの〈認識〉を〈異化〉し、〈見ること〉へと促していく、そういう点で、極めて（注5）〈ロシア・フォルマリズム〉的な表現であると言えます。

（亀井秀雄・蓼沼正美『超入門！ 現代文学理論講座』による）

注1 シクロフスキー→ヴィクトル・ボリソヴィッチ・シクロフスキー。一八九三～一九八四年。旧ソビエト連邦の文芸評論家。

注2 ダイナミック→動的で活力にあふれている様。

注3 実存→哲学用語で、事物の一般的なイメージではなく、事物が現実に存在することそれ自体をいう。

注4 ザハリッヒ→sachlich（ドイツ語）。「客観的な」「公平な」「冷静な」の意味がある。

注5 ロシア・フォルマリズム→表現そのものの形式に注目を向けようとした文学理論。〈異化〉という考えを重視した。

問一 ［ A ］［ B ］にあてはまる言葉として最も適当なものはどれか。次の中からそれぞれ選び、記号で答えよ。

ア しかし　**イ** 確かに　**ウ** 例えば

エ ところで　**オ** もしくは

問二 （1）対象の安定した〈認識〉を〈見ること〉へと戻す（return）こと とあるが、どういう意味か。次の中から最も適当なものを選び、記号で答えよ。

ア かつては価値が認められていたが、最近は顧みられなくなっているものについて、もう一度その価値を見出していくということ。

イ すでに概念化されて当たり前になっているものを、再び先入観を持たずに見ることができるようにするということ。

ウ 慣れ親しんだものが、急に別のものに見えてきてしまうことがあるが、それをもとの通りに見られるようにするということ。

ります。私たちはそれを見て、「これがあの美しい女優さんの肌？」と衝撃を与えられ、それまで美しいと思っていたその人が、何だか全然美しく見えなくなってしまったりします。当然逆もあって、いわゆる「三枚目」的な女性タレントの方の肌を同じようにして見せられ、その映像がとてもみずみずしく潤っていたりすると、改めてそのタレントさんにテレビ・カメラが向けられた時、私たちはそれまでとは全く違った印象を受けてしまうようになります。

　こんなふうに私たちは、例えば対象を極端に拡大したり縮小したりするなどして、今までと違った視点に立ってみた時、同じものを見ているはずなのに、全く別なものに見えてきてしまう。つまり知覚への衝撃によって、それまでの対象に対する〈認識〉が〈異化〉され、改めて〈見ること〉が始められることになります。

　一方でそのことは、私たちの内側にある価値観が、(2)自動的にあるいは無意識的に作動していることをも明らかにします。今の例で言うならば、私たちは特殊なカメラによる知覚への衝撃によって、同じ対象がそれまでのように美しくは見えなくなってしまった、(3)あるいはその逆なわけですが、言い換えればそれは、私たちの中にある美しさの基準が大きく変わってしまった、〈異化〉されたということです。そのことを通して私たちは、それまで私たちがある基準を全く無条件に肯定してきてしまっていたことを、初めて意識させられることになります。その意味でこうした知覚への衝撃こそが、私たちの中で自動的・無意識的に作動してきた価値観を露呈させることにもなるわけです。

　さらにそのようにして露呈された価値観に対し、むしろその基準の方がおかしかったのではないかと考えてみることで、私たちのものの見え方が二重にも三重にも刷新され、まさに〈見ること〉の(注2)ダイナミックなうねりが作り出されていくことにもなります。

　また、対象そのものについてはそのままの状態で選びながら、それの見え方、そしてそれを語ることば自体が衝撃を与えることで、対象の(注3)実存的な状況を露《あらわ》にしていくというような、言わば表現そのものが〈見ること〉を促していくという場合があります。例えば次にあるのは、ある生き物についての表現です。

　不思議な格好で歩くその生き物の背面は、中央が溝のようにややくぼんでいて、全体に穏やかな弓なりとなった平面を形成している。反対に胸部や腹部は前面に少し突き出ており、それらの総体としての胴体の上に、ほぼ球形と言っていいような頭部が載っている。顔面と呼ばれるその前面の、上部から後部にかけては毛で覆われており、場合によっては下部も毛が密生している。さらに顔面の上から三分の一くらいのところに、左右一対の横長に隆起した箇所があり、そこにもいくばくかの毛が弓状に生えている。逆に下から四分の一くらいの中央には、筋肉によって自由に動かすことの出来る上下一対の赤いひだがあり……。

　何だか異様な生き物のように思われるでしょうが、実はこれは私が、フリー百科事典の「ウイキペディア」（Wikipedia）の「ヒト」に関連した項目を参考に、人間について表現してみたものです。そう言われると、なるほど確かにと納得され、今度は今までとは全く異なった眼差しで、人間を〈見ること〉になるのではないでしょうか。しかしそれを促したのは、人間という対象そのものではなく、こんなふう

【国　語】（六〇分）〈満点：一〇〇点〉

1 次の傍線をつけた漢字の読みを平仮名で書け。

（1）直ちに影響が出ることはない。
（2）公聴会で陳述する。
（3）凝った飾り付けだ。
（4）時期尚早である。
（5）真摯に受け止める。

2 次の傍線をつけたカタカナの部分に当たる漢字を楷書で書け。

（1）彼は話を聞いてケッソウを変えた。
（2）アッカンの演技であった。
（3）今の説明にホソクする内容はありますか。
（4）株をバイバイする。
（5）海風がココロヨい。

3 次の【文章Ⅰ】を読んで、後の各問いに答えよ。

【文章Ⅰ】

私たちはある対象を何度も見ているうちに、次第にそれが当たり前のものとなって、最後にはそれ以外の物には見えなくなってしまいます。例えばある種の木製の構造物を見ているうちに、それが「机」だと分かると、もはや「机」にしか見えなくなってしまう。「雨」という漢字を繰り返し学習することで、やがてそれが空から降ってくるあの水滴を表現しているとしか思えなくなってしまう。そんなふうに対象を一つの概念として捉えるようになるあり方を、〔注1〕シクロフスキーは〈認識〉と呼びます。

それに対し〈見ること〉は、むしろそういう概念を壊すことで改めて対象そのものに眼を向けさせ、それまでとは全く異なった見え方を促していく。今まで何の疑問もなく「机」として〈認識〉されていたものが、あることをきっかけに何だか机とは違う別なものに見えてきてしまったり、「雨」という漢字をじっと見ているうちに、それが文字ではない、まるで何か異様なものに見えてきてしまうような場合です。

 A 私たちは、〈認識〉を積み重ねることによって、安定した生活を送ることができるのですが、そうした〈認識〉からは芸術についての新たな創造は生まれない。逆に(1)対象の安定した〈認識〉をもう一度〈見ること〉へと戻す（return）ことで、私たちが当たり前のものとして〈認識〉してきた世界が、全く別な姿を現してくるようになるのであり、それが芸術の目的であると、シクロフスキーは考えたわけです。

ではそのように私たちの〈認識〉を、改めて〈見ること〉へと戻すためには、一体どのような工夫が考えられるのでしょうか。その一つとしてあるのが、知覚への衝撃です。

 B 、普通に見ているならば美しいと捉えられていたものが、マイクロ・スコープのような拡大鏡を使って見た場合、とんでもなくグロテスクなものに見えてしまうことがあります。やや卑近な例になりますが、テレビの健康番組などで大変美しい女優の方の肌を、毛穴一つ一つまで見えるような特殊なカメラで拡大して映し出し、それがまるで乾ききった砂漠のように荒れている映像を見せられることがあ

MEMO

大切なことはメモしておこうネ！

T.G

2022年度

解　答　と　解　説

《2022年度の配点は解答欄に掲載してあります。》

＜数学解答＞ 《学校からの正答の発表はありません。》

1　問(1)　$\frac{4x+9y}{6}$　問(2)　$-\frac{2x^4}{y^6}$　問(3)　4　問(4)　$x=-5,\ 3$

問(5)　EH$=\frac{20}{3}$cm，HC$=\frac{16}{3}$cm

2　[1]　回数　4回，個数　A：71個　B：57個　C：72個

[2]　問(1)　25通り　問(2)　$a+b$の値　11，確率　$\frac{1}{5}$　問(3)　$\frac{6}{25}$

3　問(1)　$a=\frac{1}{2}$　問(2)　$\frac{3}{2}$　問(3)　$\mathrm{C}\left(3,\ \frac{9}{2}\right)$　問(4)　1

4　問(1)　正三角形　問(2)　$\frac{4\sqrt{3}}{3}$cm^3　問(3)　$\frac{3\sqrt{3}}{2}$cm^2　問(4)　$\frac{5\sqrt{3}}{6}$cm^3

5　問(1)　$a=10,\ b=90$　問(2)　339分

○推定配点○

1　各4点×6　2　[1]　回数　4点　個数　6点(完答)　[2]　各4点×4　3　各5点×4

4　各5点×4　5　各5点×2(問(1)完答)　計100点

＜数学解説＞

基本　1　(式の計算，平方根の計算，2次方程式，平行線と線分の比の定理)

問(1)　$\frac{2x+y}{2}-\frac{x-3y}{3}=\frac{3(2x+y)-2(x-3y)}{6}=\frac{6x+3y-2x+6y}{6}=\frac{4x+9y}{6}$

問(2)　$(-2x^2y)^3\div4x^4y\times\left(-\frac{x}{y^4}\right)^2=-8x^6y^3\times\frac{1}{4x^4y}\times\frac{x^2}{y^8}=-\frac{2x^4}{y^6}$

問(3)　$(\sqrt{8}\times\sqrt{18}-2\sqrt{32})\div\left(\frac{1}{\sqrt{2}+1}\right)^2=(2\sqrt{2}\times3\sqrt{2}-8\sqrt{2})\times(2+2\sqrt{2}+1)=(12-8\sqrt{2})(3+2\sqrt{2})=4(3-2\sqrt{2})(3+2\sqrt{2})=4\{3^2-(2\sqrt{2})^2\}=4\times1=4$

問(4)　$2(x-3)(x+2)=(x-3)(x-1)$　$2(x^2-x-6)=x^2-4x+3$　$2x^2-2x-12-x^2+4x-3=0$　$x^2+2x-15=0$　$(x+5)(x-3)=0$　$x=-5,\ 3$

問(5)　平行線と線分の比の定理から，AD：CE＝AG：CG　8：CE＝2：3　CE$=\frac{8\times3}{2}=12$　EB＝12－8＝4　BF：AF＝EB：DA＝4：8＝1：2　FH：AC＝BF：BA＝1：3＝5：15…①　AG：GC＝2：3＝6：9…②　①と②から，FH：GC＝5：9　EH：EC＝FH：GC　EH：12＝5：9　EH$=\frac{12\times5}{9}=\frac{20}{3}$(cm)　HC$=12-\frac{20}{3}=\frac{16}{3}$(cm)

2　(場合の数と確率)

[1]　1回目：$90\times\frac{1}{10}=9$より，箱Aから箱B，Cへ9個ずつ移す。箱A：90－9×2＝72，箱B：70＋9＝79，箱C＝40＋9＝49　2回目：$79\times\frac{1}{10}=7.9$より，箱Bから箱A，Cへ8個ずつ移す。箱A：72＋

$8=80$，箱B：$79-8\times2=63$，箱C：$49+8=57$　3回目：$80\times\frac{1}{10}=8$より箱Aから箱B，Cへ8個ずつ移す。箱A：$80-8\times2=64$，箱B：$63+8=71$，箱C：$57+8=65$　4回目：$71\times\frac{1}{10}=7.1$より箱Bから箱A，Cへ7個ずつ移す。箱A：$64+7=71$，箱B$=71-7\times2=57$，箱C：$65+7=72$　箱Cの玉の数が最も多くなったので4回目で終了し，玉の数は箱Aが71個，箱Bが57個，箱Cが72個。

[2]　問(1)　$5\times5=25$(通り)

問(2)　$a+b$が11になるときの場合の数が最も多くなり，$a+b=11$になる場合は，$(a,\ b)=(1,\ 10)$，$(2,\ 9)$，$(3,\ 8)$，$(4,\ 7)$，$(5,\ 6)$の5通り。　よって，求める確率は，$\frac{5}{25}=\frac{1}{5}$

問(3)　$4x-a=b$　$4x=a+b$　$x=\frac{a+b}{4}$　$a+b$が4の倍数になるとき，xは整数になる。$a+b$が4の倍数になる場合は，$(a,\ b)=(1,\ 7)$，$(2,\ 6)$，$(2,\ 10)$，$(3,\ 9)$，$(4,\ 8)$，$(5,\ 7)$の6通り。　よって，求める確率は，$\frac{6}{25}$

3 (図形と関数・グラフの融合問題)

基本 問(1)　変域から①のグラフは$(2,\ 2)$を通るから，$2=a\times2^2$　$4a=2$　$a=\frac{2}{4}=\frac{1}{2}$

問(2)　$y=\frac{1}{2}x^2\cdots$①　①に$x=-1$を代入して，$y=\frac{1}{2}\times(-1)^2=\frac{1}{2}$　$\mathrm{A}\left(-1,\ \frac{1}{2}\right)$　$\mathrm{B}(2,\ 2)$　直線ABの傾きは，$\left(2-\frac{1}{2}\right)\div\{2-(-1)\}=\frac{3}{2}\div3=\frac{1}{2}$　直線ABの式を$y=\frac{1}{2}x+b$として点Bの座標を代入すると，$2=\frac{1}{2}\times2+b$　$b=1$　よって，直線ABの式は$y=\frac{1}{2}x+1$　よって，$\triangle\mathrm{OAB}=\frac{1}{2}\times1\times(1+2)=\frac{3}{2}$

問(3)　AC//OBのとき，$\triangle\mathrm{OAB}=\triangle\mathrm{OBC}$となる。直線OBの傾きは，$\frac{2}{2}=1$　直線ACの式を$y=x+c$として点Aの座標を代入すると，$\frac{1}{2}=-1+c$　$c=\frac{3}{2}$　よって，直線ACの式は，$y=x+\frac{3}{2}\cdots$②　①と②からyを消去すると，$\frac{1}{2}x^2=x+\frac{3}{2}$　$x^2=2x+3$　$x^2-2x-3=0$　$(x+1)(x-3)=0$　$x=-1,\ 3$　$x=3$を②に代入して，$y=3+\frac{3}{2}=\frac{9}{2}$　よって，$\mathrm{C}\left(3,\ \frac{9}{2}\right)$

重要 問(4)　直線ABの式は，$y=\frac{1}{2}x+1\cdots$③　$\frac{9}{2}\div3=\frac{3}{2}$から直線OCの式は，$y=\frac{3}{2}x\cdots$④　③と④から$y$を消去すると，$\frac{1}{2}x+1=\frac{3}{2}x$　$x+2=3x$　$2x=2$　$x=1$　よって，点Dのx座標は1になるから，$\triangle\mathrm{BCD}=\frac{2}{3}\triangle\mathrm{BCO}=\frac{2}{3}\triangle\mathrm{BAO}=\frac{2}{3}\times\frac{3}{2}=1$

4 (空間図形の計量問題―三平方の定理，体積，面積，切断)

基本 問(1)　$\triangle\mathrm{OAM}$において三平方の定理を用いると，$\mathrm{OM}=\sqrt{(\sqrt{5})^2-1^2}=\sqrt{4}=2$　同様にして，$\mathrm{ON}=2$　$\mathrm{MN}=\mathrm{AD}=2$　よって，$\triangle\mathrm{OMN}$は一辺が2cmの正三角形になる。

基本 問(2)　頂点OからMNへ垂線OHを引くと，$\mathrm{OH}=2\times\frac{\sqrt{3}}{2}=\sqrt{3}$　よって，この四角錐の体積は，$\frac{1}{3}\times2\times2\times\sqrt{3}=\frac{4\sqrt{3}}{3}(\mathrm{cm}^3)$

問(3)　辺ODの中点をQとすると，切り口の平面は，等脚台形ABPQとなる。中点連結定理から，

$PQ=\frac{DC}{2}=\frac{2}{2}=1$　点OとPからBCへ垂線OI，OJを引くと，$OI=2$　中点連結定理から，$PJ=2\times\frac{1}{2}=1$　$BJ=1+\frac{1}{2}=\frac{3}{2}$　△BPJにおいて三平方の定理を用いると，$PB=\sqrt{1^2+\left(\frac{3}{2}\right)^2}=\sqrt{\frac{13}{4}}=\frac{\sqrt{13}}{2}$　点PからABへ垂線PKを引くと$BK=\frac{2-1}{2}=\frac{1}{2}$　$PK=\sqrt{\left(\frac{\sqrt{13}}{2}\right)^2-\left(\frac{1}{2}\right)^2}=\sqrt{3}$　よって，求める面積は，$\frac{1}{2}\times(1+2)\times\sqrt{3}=\frac{3\sqrt{3}}{2}$(cm²)

重要 問(4)　点Oを含むほうの立体を三角錐A−OQBと三角すいP−OQBに分けて考えると，(三角錐A−OQB)$=\frac{1}{2}\times\frac{1}{2}$(四角錐O−ABCD)$=\frac{1}{4}$(四角錐O−ABCD)　(三角錐P−OQB)$=\frac{1}{2}\times\frac{1}{2}\times\frac{1}{2}$(四角錐O−ABCD)$=\frac{1}{8}$(四角錐O−ABCD)　$\frac{1}{4}+\frac{1}{8}=\frac{3}{8}$から，点Oを含む方の立体の体積は，$\frac{3}{8}$(四角錐O−ABCD)　よって，点Cを含む方の立体の体積は，$\frac{5}{8}$(四角錐O−ABCD)$=\frac{5}{8}\times\frac{4\sqrt{3}}{3}=\frac{5\sqrt{3}}{6}$(cm³)

5 （連立方程式の応用問題）

問(1)　番号6のデータから，$175-0=8.2a+1.20b-15$　$8.2a+1.20b=190$　$82a+12b=1900$　$41a+6b=950$…①　番号9のデータから，$175-1.2=8.8a+1.12b-15$　$8.8a+1.12b=188.8$　$880a+112b=18880$　$55a+7b=1180$…②　②×6−①×7から，$43a=430$　$a=10$　これを①に代入して，$41\times10+6b=950$　$6b=540$　$b=90$

問(2)　$10\times15.6+90\times2.2-15=156+198-15=339$(分)

★ワンポイントアドバイス★

4問(4)のような四角錐の切断の問題は，四角錐を2つの三角錐に分けて考えよう。

<英語解答>《学校からの正答の発表はありません。》

1　リスニング問題解答省略

2　問1 (1) エ　(2) ア　(3) ウ　(4) エ　(5) イ　問2 (1) can be seen　(2) made me　(3) is heavier　(4) without　(5) written by
問3 (3番目，5番目の順) (1) ア，イ　(2) エ，ウ　(3) エ，オ　(4) カ，オ

3　問1 (A) エ　(B) イ　(C) ア　(D) ウ　問2 ウ　問3 ウ→イ→ア→エ

4　問1 (A) ア　(B) エ　(C) ウ　問2 ア，カ

5　問1 (A) イ　(B) エ　問2 ① イ　② エ　③ ア　④ オ
問3 ア→ウ→オ→エ→イ

○推定配点○

1〜3　各2点×32(2問2，問3，3問3は各完答)　4，5　各3点×12(5問3は完答)
計100点

＜英語解説＞

1 リスニング問題解説省略。

2 問1(語句選択問題：現在完了，代名詞，分詞，仮定法，助動詞)

(1) 「今朝からずっと部屋を掃除しているので，私は疲れた。」「ずっと～している」という意味は，現在完了の継続用法で表す。ここではその意味を強めるために現在完了進行形が使われている。

基本 (2) A「あなたは花が好きですよね。はい，どうぞ。」 B「ああ，ありがとう！ これらのバラをどこで手に入れましたか。」 flowers が複数形になっているので，アが答え。

(3) 「彼はその知らせを聞いたとき，あまり驚いたように見えなかった。」 surprised は「驚いた」という意味を表す。

(4) A「パンケーキとアイスクリームのどちらを食べようか。」 B「あなたは多く食べ過ぎました。もし私があなただったら，もう食べません。」〈if 主語＋過去形の動詞～〉は仮定法過去で，実際とは異なる仮定を表す。

(5) 「あなたは今夜調理する必要がありません。私は夕食にすでにピザを注文しました。」〈don't have to ～〉で「～する必要がない」という意味になる。

問2(書き換え問題：受動態，SVOC，比較，前置詞，分詞)

(1) 「東京から富士山を見ることができる。」→「富士山は東京から見られる。」 助動詞がある文を受動態にするときは，〈助動詞＋ be ＋過去分詞〉の形にする。

(2) 「彼のスピーチは退屈だったので，私は眠くなった。」→「彼の退屈なスピーチは私を眠くさせた。」〈make A B〉で「AをBにする」という意味になる。

(3) 「銀は金ほど重くない。」→「金は銀より重い。」〈A is not as ～ as B〉は「AはBほど～でない」という意味を表し，〈B is ～ er than A〉という比較の文で書き換えることができる。

(4) 「リサは毎朝コーヒーを飲む。彼女はそれに砂糖を入れない。」→「リサは毎朝砂糖なしのコーヒーを飲む。」〈without ～〉で「～なしに」という意味を表す。

(5) 「その小説は賞を得た。私のいとこがそれを書いた。」→「私のいとこによって書かれたその小説は賞を得た。」「～された」という意味を表して，直前にある名詞を修飾するときには，過去分詞の形容詞的用法を使う。

問3(語句整序：不定詞，SVOO，関係代名詞)

(1) 「それはあなたには易しすぎますか。あなたは解くのがもっと難しいものを欲しいですか。」(Do you) want something more difficult to (solve?) 形容詞が something を修飾する時は〈something ＋形容詞〉の語順にする。また，〈something to ～〉で「何か～する(べき)もの」という意味を表す。

(2) 「このテレビゲームを前にしたことがありますか。もしないなら，私がやり方を教えましょう。」(If you haven't,) let me show you how to (play.) 〈let ＋ O ＋原形動詞〉で「Oに～させる」という意味を表す。また，〈how to ～〉で「～する方法(仕方)」という意味を表す。

(3) 「あなたはまだ熱があります。あなたは私に病院に連れて行ってもらいたいですか。」 Do you want me to take (you to the hospital?) 〈want ＋ A ＋ to ～〉で「Aに～してほしい」という意味を表す。

(4) 「彼が私にくれた本は面白かった。」 (The) book he gave me was interesting(.) he gave me が book を修飾するので，目的格の関係代名詞が使われているが，ここでは省略されている。

3 (長文読解問題・説明文：内容吟味，語句補充，文整序)

(大意) ジェリー・キャラハンはアメリカのスーパーマーケットの経営者だ。彼のスーパーマーケットは，新しい果物を販売しているため，非常に人気がある。それは相撲フルーツと呼ばれている。それは何だろうか？　それはどのように成長するのか？

ジェリーがスーパーで働き始めたとき，彼は日本に新しいオレンジがあることを知った。それはデコポンと呼ばれ，多くの日本人に愛されていた。彼はそれを食べたが，自分がオレンジを食べているとは信じられなかった。とても甘かったからだ。それはアメリカで大ヒットすると思い，スーパーで売ることにした。

まず，日本から持ってきたデコポンの木を植える計画を立てた。外国の木を植えるのは簡単なことではなかったので，彼は本当に一生懸命働いた。しかし，政府の人々は彼を止めた。彼らは木に何らかの病気があるのではないかと考えた。しかし，ジェリーはあきらめなかった。彼は何度も政府に行き，安全性について説明した。最後に，彼はそれを植えることができた。

ジェリーはデコポンの木を植えた①けれども，それで彼の仕事が終わったという意味ではなかった。彼にはまだやるべきことがたくさんあった。デコポンを育てるには多くの時間と労力を要した。果物を売る前に，農家は果物を育てるのに4年以上を要した。果物が大きくなったとき，彼らはそれを覆う必要があった。そうすることで，彼らはそれを強い日光から保護した。また，果物は傷つきやすいので，手で摘む必要があった。

多大な努力により，彼はアメリカでデコポンを育てることができた。今，彼はそれを売るために果物の英語の名前を必要としていた。彼は人々に名前を簡単に覚えてもらいたかった。彼は素晴らしい名前を思いついた：相撲。アメリカで育ったデコポンは，相撲取りや力士のようにとても大きかったからだ。多くのアメリカ人はその日本の伝統的なスポーツである相撲を知っていた。ついに，相撲フルーツを売る準備が整った。

当初，売上は低調だった。相撲フルーツがとても高かったせいかもしれない。②しかしジェリーは人々がその果物を愛するだろうと信じていた。それで，彼はそれを売るために最善を尽くすことに決めた。彼は注目を集めるためにSNSを使った。また，彼はスーパーマーケットの玄関にその果物を置いた。その後，ますます多くの人がその果物を購入し，売り上げは急速に伸びた。今，多くのアメリカ人がその果物を愛している。

問1　(A)「ジェリーがデコポンを食べたとき，彼は＿＿＿。」 ア「オレンジでなかったので驚いた」 文中に書かれていない内容なので，誤り。　イ「味がよくないと思った」 文中に書かれていない内容なので，誤り。　ウ「日本で人気があったのでそれを好んだ」 食べたときのことではないので，誤り。　エ「その甘い味に驚いた」「自分がオレンジを食べているとは信じられなかった。とても甘かったからだ」とあるので，答え。

(B)「＿＿＿，ジェリーはデコポンの木を植えることができた。」 ア「それを育てるのは彼にとって難しくなかったので」 難しかったことが書かれているので，誤り。　イ「彼が何度も政府を訪ねたあと」 第3段落の最後の部分の内容に合うので，答え。　ウ「日本人がそれは安全だと言ったので」 文中に書かれていない内容なので，誤り。　エ「彼が病気の世話をした後で」 病気があったとは書かれていないので，誤り。

(C)「＿＿＿ので，農家は果物にカバーをかける必要があった。」 ア「強い日光はそれにとってよくなかった」「彼らはそれを強い日光から保護した」とあるので，答え。　イ「彼らは手でそれに触れられなかった」 文中に書かれていない内容なので，誤り。　ウ「彼らはそれを育てるのに4年かかった」 カバーをかけることに関係がないので，誤り。　エ「強い日光がそれには必要だった」 文中に書かれていない内容なので，誤り。

(D)「＿＿＿ので，ジェリーはその果物を相撲と名づけた。」 ア「彼は相撲取りが好きだった」 文中に書かれていない内容なので，誤り。　イ「彼はそれを買う用意ができていなかった」 文中に書かれていない内容なので，誤り。 ウ 「覚えやすかった」「多くのアメリカ人はその日本の伝統的なスポーツである相撲を知っていた」とあるので，答え。 エ 「それは日本では相撲と呼ばれた」 文中に書かれていない内容なので，誤り。

問2 後に続く2つの内容が互いに対立しているので，逆接の接続詞が入る。

問3 ウの先頭にある but が，直前の文の内容とつながる。イの先頭にある so が，ウの文の内容とつながる。アとエはジェリーが行ったことがらを述べており，エの先頭には also があるので，アが先にくるとわかる。

4 (資料問題：語句補充，内容吟味)

モリア ペットホテル
&ケアセンター

あなたが外出している間，犬とネコが滞在するのに最適な場所である，私たちのペットホテルおよびケアセンターをご利用頂き，ありがとうございます！ 私たちはモリア市で唯一のペットホテルです。

去年は3,000人が私たちのホテルをご利用になりました。私たちは毎日午前9時から午後5時まで開店しています。

価格表		短時間の滞在	1日(午後1時にチェックアウト)	
		6時間以下	月曜日―金曜日	土曜日―日曜日
犬1頭	小	¥2,000	¥3,000	¥4,000
	大	¥3,000	¥4,000	¥5,000
ネコ1匹		¥1,000	¥2,000	¥3,000

他の種類の動物も滞在できます。詳しい情報はお電話ください。

★運動
・犬は毎日外で，毎週末には水泳用プールで遊べます。
・ネコのためにすべての部屋にタワーとおもちゃがあります。
・午前中に1回と午後に1回，犬を散歩に連れて行きます。

★食べ物
・ペットのために私たちが用意する健康的な食べ物をお出しします。
・あなたのペットがふだん食べている食べ物を持って来られます。

★特別サービス
・7日以上滞在の場合には，スペシャルシャンプーで犬を洗います。
・スマートフォンでいつでもペットを見られます！ (1日1,000円)

基本 問1 (A) 「あなたには1頭の小さな犬と1頭の大きな犬がいます。もし，特別なサービスなしに5時間滞在するとしたら，あなたは______払うだろう。」 小さな犬が5時間滞在すると2,000円，大きな犬は3,000円なので，合わせて5,000円になる。 (B) 「もし，あなたの2匹のネコが特別なサービスなしに木曜日から土曜日まで3日間滞在するとしたら，______かかる。」 1日ごとに，木曜日と金曜日は2,000円ずつかかる。また，土曜日は3,000円かかる。それが2頭分になるので，14,000円になる。 (C) 「あなたの犬は______洗われるだろう。」「7日以上滞在の場合には，スペシャルシャンプーで犬を洗います」とあるので，ウが答え。

問2 ア 「モリアにはペット用のホテルが1つだけある。」 「私たちはモリア市で唯一のペットホテルです」とあるので，答え。　イ　「ネコと犬だけがホテルを使える。」「他の種類の動物も滞在できます」とあるので，誤り。　ウ　「犬とネコは1日に2回散歩する。」犬だけのことなので，誤り。　エ　「犬はタワーやおもちゃで遊べる。」ネコだけのことなので，誤り。　オ　「このホテルに自分のペット用の食べ物を持ち込めない。」「あなたのペットがふだん食べている食べ物を持って来られます」とあるので，誤り。　カ　「もし支払えば，スマートフォンの画面で自分のペットを見ることができる。」「スマートフォンでいつでもペットを見られます」とあるので，答え。

5　**(長文読解問題・物語文：語句補充，内容吟味，文整序)**

（大意）「スリエル？　それは何？」私は母に聞いた。その朝，私は窓から見える森の絵を描いていた。森は私たちの家の後ろにあった。それはとても深く，いつも暗かった。それから母は私にスリエルを描くように言った。私はスリエルが何であるかを知らなかった。「彼は森の真ん中に住む妖精よ。彼はすべてを知っているの。彼は人々が尋ねるどんな質問にも答えるわ。」「彼はどうやってそれができるの？」私は尋ねた。母は微笑んで言った，「それは魔法の森なの。時々奇妙なことが起こるのよ。」

翌日，私はスリエルを探しに行くことにした。私の母はしばしばかげた話をしていたので，私はそうした。たとえば，月はチーズでできていると彼女が私に言ったことがある。私はそれがばかげた話だと知っていた。彼女はまた，カエル，お姫様，魔法の鏡，空飛ぶ木についての話をしてくれた。これらの話はすべて本当だったのだろうか？　私は確信が持てなかった，そしてそれをわかるのは難しかった。

しかし今回は簡単そうだった。私がスリエルを見つけることができれば，私の母は真実を語っていたことになる。私の母を魔女と呼ぶ人もいたが，私は彼女がそうではないことを知っていた。多分彼女は少し奇妙だったのだ。おそらくそれは私たちが黒ネコを飼っていたからかもしれない。魔女はいつも黒ネコを飼っていると言われている。しかし，タズはふつうの黒ネコだった。まあ，多分あなたはそうは思わないだろう。実際，彼は話すことができた。私の親友だった。

私の母は魔女だと人々が言ったとき，私は魔女には子供がいないと彼らに言った。「そう」と彼らは答えた，「それは本当だ。でも，君は人間の子供というよりは妖精のように見える。」私が家に一人でいるとき，私は長い間鏡をよく見ていた。私は自分が人間の子供のように見えると思ったが，そのことについて母に尋ねることはしなかった。

とにかく，私はスリエルを探すことについてあなたに話していたのよ。タズと一緒に，私は森に入った。森に入るのは初めてだった。少し怖かったが，タズが一緒にいてくれて嬉しかった。「オオカミに気をつけて！」タズは言った。「うん…そしてお婆さんにも！」私は冗談を言った。「道から離れないようにしよう！」私はタズと一緒でずっと安全だと感じた。

「①彼は本物だと思う？」タズに聞いた。「スリエル？　わからないよ。」とネコは言った。私たちは森の中に入った。木はどんどん高くなっていった。森はどんどん暗くなっていった。「彼はどのように見えるの？」タズは尋ねた。「私の母は，彼が長い黒いコートを着て，緑色の目をしていると言ったわ。」「彼を見つけたらどうするの？」「もちろん，私は彼に質問するつもりよ。」「②何を知りたいの？」「私には言えないわ。母さんがそういうルールだと言ったから。」「ああ，なるほど。」私たちは黙って歩き続けた。

とうとう森の真ん中に着いた。木がない大きな空間があって，その真ん中に奇妙なものが見えた。最初は男のように見えたが，近づくと石像であることがわかった。「③これがスリエルなの？」とタズは尋ねた。「そう思うわ。」私は彼が古い黒いコートを着ていて，彼の目が明るい緑色に塗られていたのでそう言った。「では，私たちは今何をするの？」タズは尋ねた。「ここに質問を残しておくわ。」家から持ってきた瓶を像のふもとに置いた。その中に一枚の紙があった。「君は本当にこの男が君の質問の答えを知っていると思うかい？」タズは尋ねた。私は何も言わず，緑色の目を覗き込んだ。私は奇妙な気分になった。目が「④本当に答えが欲しいのか？」と言っているような気がした。はい，と私は心の中で言った。私は母のおかげでここに来たが，今はスリエルが何を言うのか本当に知りたかった。

問1 (A) 「筆者は＿＿＿森の中に入って行った。」 ア 「森は彼女が遊ぶのに好きな場所だったから」 森の中に入ったことがないとあるので，誤り。 イ 「彼女は母が本当のことを言っていると信じられなかったから」 第3段落の第2文の内容に合うので，答え。 ウ 「彼女の母がスリエルを探すように言ったから」 文中に書かれていない内容なので，誤り。 エ 「彼女はチーズでできた月を見つけられると思ったから」 森に行ったことと関係がないので，誤り。

(B) 「筆者は＿＿＿。」 ア 「スリエルから答えを得た」 答えを得ていないので，誤り。 イ 「母親から妖精であると告げられた」 言われていないので，誤り。 ウ 「森の中に住む祖母がいた」 文中に書かれていない内容なので，誤り。 エ 「他のネコとは違ったネコを飼っていた」 タズは話すことができるネコだったので，答え。

問2 ① 「スリエル？」と答えているので，イが内容に合う。ウは聞いたことがあるかどうかを知らないとは答えないので，誤り。 ② 直前に質問があると言っている内容に合うので，エが答え。 ③ 石像を見つけた直後の質問なので，アが答え。 ④ 石像の目が言う内容としてふさわしいので，オが答え。

重要 問3 筆者が人間の子供のように見えないと言われたのは，過去の出来事なので，アが先頭に来る。筆者は母からスリエルについて教わり，それを探しに行こうと思ったので，ウ→オの順になる。また，石像を見つける前にタズは筆者の質問について尋ね，筆者は石像を見つけた後に質問を置いたので，エ→イの順になる。

★ワンポイントアドバイス★

2の問1の(4)には仮定法過去が使われている。仮定法過去は現在の事実とは異なる仮定をする方法であることを確認しておこう。そのため，現在のことについて表すのに過去形の動詞を使う。(例) If I were a bird, I would fly to you.

＜国語解答＞ 《学校からの正答の発表はありません。》

1 (1) ただ(ちに) (2) ちんじゅつ (3) こ(った) (4) しょうそう (5) しんし

2 (1) 血相 (2) 圧巻 (3) 補足 (4) 売買 (5) 快(い)

3 問一 A イ B ウ 問二 イ 問三 ウ 問四 (例) 同じ対象がそれまでのように醜くは見えなくなってしまった 問五 イ 問六 (i) イ (ii) イ 問七 イ

4 問一 (i) ① 背水 ② イ (ii) ア 問二 ア 問三 ① ア ② ウ ③ イ 問四 ウ 問五 ① (例) 自己満足 ② (例) 試合は戦えないがここにいるぞと伝えるもの 問六 ウ 問七 ア 問八 ア

5 ① エ ② エ ③ イ ④ ア ⑤ イ ⑥ ア ⑦ ア

○推定配点○
1 各2点×5　2 各2点×5　3 問一 各2点×2　問四 4点　他 各3点×6
4 問一・問三 各2点×6　問五 ① 2点　② 4点　他 各3点×5　5 各3点×7
計100点

＜国語解説＞

1 (漢字の読み)

(1)「直ちに」は，時間をおかずに行動を起こす様子。すぐに。「直」の訓は「ただ－ちに・なお－す・なお－る」。「ジキ」の音もある。「直伝」「直訴」などの熟語がある。　(2)「陳述」は，意見や考えを口頭で述べること。「陳」の熟語には「陳情」「陳列」などがある。「述」の訓は「の－べる」。「著述」「叙述」などの熟語がある。　(3)「凝る」は，いろいろと工夫するの意味。音は「ギョウ」。「こ－らす」という訓もある。「凝固」「凝縮」などの熟語がある。　(4)「尚早」は，時期がまだ早すぎること。「尚」を「向」と混同して「コウ」と読まない。「高尚」「尚武」などの熟語がある。　(5)「真摯」は，まじめでひたむきな様子。「真」の訓は「ま」。「真心」「真正面」などの熟語がある。「摯」の熟語は「真摯」くらいなので覚えてしまおう。

2 (漢字の書き取り)

(1)「血相」は，顔いろ。「相」の音は「ソウ・ショウ」。訓は「あい」。「相違」「宰相」などの熟語がある。　(2)「圧巻」は，書物・楽曲・催し物などの中で，最も優れている部分。「圧」は形の似た「庄(ショウ)」と区別する。「圧縮」「制圧」などの熟語がある。「巻」の訓は「まく・まき」。同音の「間」を書かないように注意する。「一巻の終わり(＝すべてが終わること・死ぬこと)」という慣用句を覚えておこう。　(3)「補足」は，不十分なところを補うこと。「補って足す」と覚えればよい。「補」のへんは「ころもへん」。「ネ(しめすへん)」と区別する。また，同音で形の似た「捕」と区別する。送り仮名は「補う」。「補なう」と誤らない。　(4)「売買」は，売ることと買うこと。「買売」と書かないように注意する。　(5)「快い」は，「心良い」とする誤りが多い。また，送り仮名を「快よい」とする誤りも多い。音は「カイ」。「快挙」「愉快」などの熟語がある。

3 (論説文－要旨，内容吟味，文脈把握，指示語の問題，接続語の問題，脱語補充，語句の意味，)

基本　問一　A「確かに」は，前に述べた内容をいったんは肯定し，そのあとに否定する内容を述べる場合に使う。ここは〈認識〉の働きを肯定したあとに，否定している。　B　直前の「知覚への衝撃」の例を挙げている。例示の「たとえば」があてはまる。

問二　傍線部(1)のようなことをすることで，直後にある「私たちが当たり前のものとして〈認識〉してきた世界が，全く別な姿を現してくるようになる」のである。この内容を説明しているのはイ。「概念化」は，物事をそういうものだとして固定してしまうこと。そのような先入観を持たずに見ることができるようにするのが，傍線部(1)の行為である。

やや難　問三「あるいは無意識的に」と続いている。「無意識」は，気づかないでふるまうこと。ひとりでに，気づかないうちにという意味を表すのは，いつもそうすることに慣れて，きまりとなっていることという意味の「習慣的」である。

重要　問四「その」が指しているのは，「同じ対象がそれまでのように美しくは見えなくなってしまった」の部分。これの「逆」であるから，「美しく」を対義語「醜く」に入れ替えればよい。

問五「なぞなぞ遊び」は，どのような性質のものかをとらえる。文の初めの「そんなふう」が指しているのは，段落で挙げられているなぞなぞの例である。なぞなぞは，その前の段落で述べている「私たちの自動的な〈認識〉を〈見ること〉へ戻し，対象を〈異化〉する工夫の一つ」の例として挙げられている。「異化」は，ここでは，日常的で見慣れた題材を異質なものに変化させることという意味で使われている。つまり，「『なぞなぞ遊び』は，同じ対象をそれまでとは全く異なる視点に立って表現する」ものである。

問六　(ⅰ)　問二・問五と関連させて考える。傍線部(1)は，問二でとらえた「私たちが当たり前のものとして〈認識〉してきた世界が，全く別な姿を現してくるようになる」の部分まで含めて，問五でとらえた「対象を〈異化〉する工夫」について説明している。その説明を《泉》に当てはめると，イが適当である。　(ⅱ)「異化」によって，「私たちが当たり前のものとして〈認識〉してきた世界が，全く別な姿を現してくるようになる」のである。異化の効果によって，芸術作品に関して「芸術とは美しいものだっていう価値観を知らず知らずのうちに持っていたこいとに気付ける」のである。それが，《泉》という作品で作者のデュシャンが意図したこことである。

重要　問七　イは，「普通に見ているならば美しいと捉えられていたものが，マイクロスコープのような拡大鏡を使って見た場合，とんでもなくグロテスクなものに見えてしまう」のである。これは「異化」である。ア「正確に捉えられるようになった対象」という説明はしていない。ウ「誤解を生まれにくくすることを示す」のではなく，「異化」の例である。エ「価値をもったものに見えてくる」という説明はしていない。

4　**(小説―情景・心情，内容吟味，文脈把握，語句の意味，故事成語)**

基本　問一　(ⅰ)　①「背水」は，水を背にすること。　②　イ「円陣」は，多くの人が集まって輪の形に並ぶこと。ア「肝心」は，「肝と心」は体の中で欠かせないものであることから，何かをするのにそれがいちばん大切である様子。　ウ「迅速」は，非常に速い様子。　エ「人知・人智」は，人間の知恵。　(ⅱ)「背水の陣」は，川や海などを後ろにして，退却できない所に敷いた陣。そこから，失敗すれば次の機会はないとの条件のもとで，事にあたること。つまり，絶体絶命の状況のもとで，死力を尽くすしかないのである。

問二　お父さんの会話を見ていくと，佐々木さんにお金を貸すという美奈子に対して，「美奈子が心配することじゃない」「美奈子は心配しないでいいんだ。関係ないんだから」と繰り返している。それでも話をやめない美奈子に「美奈子，二階に上がってろ」と言い，続けて「お父さんが本気で怒る前に，上がってろ」と言っている。このような場面のいきさつからわいてきたお父さんの心情を説明しているのは，ア。

やや難　問三「ことづかる」は，ある人から他の人への伝言・用事・届け物などを頼まれるの意味。直前に「お母さんは話のいきさつをお父さんからあらかた聞いていた」とあることから，③「ことづかっていた」のは「お母さん」。頼んだのは①「お父さん」。伝言の相手は②「美奈子」である。

問四　美奈子の言い分は，「子どもでもおとなでも，それで佐々木さんが助かるんだから，いいじゃん」「お金が必要なひとにはお金を貸してあげるのがいちばんなんじゃないの？」というものである。この美奈子の思いに合うものはウ。

重要　問五　①　美奈子の応援についての考え方は，「がんばれって言ったりエールをきったりしても，ぜんぜん役に立たないじゃん。そんなの自己満足っていうか，ばかみたいじゃん」というものである。ここから，①は「自己満足」が適切と判断できる。　②　お母さんは，「『ここにオレたちがいるぞ，お前は一人ぼっちじゃないぞ』って教えてあげることなの」「応援団はぜったいにグラウンドには出られないの……グラウンドは選手のものなの。そこにずかずか踏み込むことはできないけど，その代わりスタンドから思いっきり大きな声を出して，太鼓を叩いて，選手に教えてあげるの。『ここにオレたちがいるんだぞーっ，おまえは一人ぼっちじゃないんだぞーっ』てね」と言っている。「試合は戦えない」「ここにいるぞと伝える」という内容でまとめられると判断できる。

問六　傍線部(6)のあとでお母さんは，「応援は意味がない」と言う美奈子に対して，応援とはどのようなものかを説明している。「『お父さん』の考え(＝佐々木さんへの応援の仕方)」が理解できなかった美奈子に対して，「お父さんね，佐々木さんが正面から借金の申し込みしてきたら，貸しちゃったと思うの」「でも，佐々木さんが自分から言わないうちは，見てるしかないの。応援してるしかないの。それが，なんていうか，友情だから，お父さんたちの」とお父さんの考えを説明している。応援という行為の意味とお父さんの考えをどのように結びつけて説明するかを考えていたのである。

問七　直後に「応援団だっているじゃん」とある。アサミとの会話での「人間は二種類」に分けられるという「納得しきれないひっかかり」が，「グラウンドで試合をするひと(＝成果に向けて努力する人)」，「それをスタンドから見てるひと(＝その結果を享受する人)」の他に「応援団(＝努力する人を一緒に支える人)」もいることに気付いたことで，ひっかかりの正体がわかったのである。エは紛らわしいが，「～人ではなく，……人に分かれると気付いた」とあり，「グラウンドで試合をするひと(＝成果に向けて努力する人)」「応援団(＝努力する人を支える人)」の二種類に分けられると説明しているので誤り。

重要　問八　ア「暑い暑い暑い暑い暑い」と言っているときのお父さんは，まだ美奈子の話を聞いていない。また，ごしごしと髪を拭いているときは，「美奈子は心配しないでいいんだ。関係ないんだから」と言い，まだ怒りの状態にはなっていない。よって，場面状況の説明として適当でない。イ「その隙に」のあとに，美奈子から「佐々木さんどうなったの？」と話題にしているところから，佐々木さんの件を以前から考えていたことがわかる。また，お父さんに「関係ないんだから」と言われても「あたしにはあるの」と答えているところから，気負いが読み取れる。ウ　お母さんの会話や様子についての描写は，「あまり心配したふうもなく訊いてくる」「もっと軽く，もっとキツく」「今度もまた笑うだけだった」とあるように，「冷静にたしなめることで本人の自覚を促すような接し方」である。エ　お母さんのそれぞれの言葉のあとには，「佐々木さんのことは～」「お父さんね，佐々木さんが～」「でも，佐々木さんが～」と佐々木さんのことを話題にしている。

5　(古文―主題，内容吟味，文脈把握，語句の意味，口語訳)

〈口語訳〉　管仲と隰朋は桓公に従軍して孤竹を攻めた。春に孤竹の討伐に向かい，冬に帰還する時，(周囲の景色が変わってしまい，)迷って道が分からなくなり，どうすればいいか判断できず困ってしまう。管仲が言うには，「老馬の知恵を用いるべきである」。そこで，老馬を放ってそのあとをついて行き，ついに道をみつけることができた。また，山中を行くとき，水がなくなった。隰朋が言うには，「蟻は，冬は山の南側に巣を作り，夏には山の北側に巣を作ります。蟻の巣の下には水があると言われています」。そこで，地面を掘ったところ，ついに水を得ることができた。(このように，聡明として知られる)管仲と隰朋の知恵を以てしても，自分の力ではどうにもならない状況になった時，たとえ老馬や蟻からであってもその知恵に学ぶことを嫌がらなかった。(昔の優れた者はあらゆるものから学ぼうとするが，)今の人々は愚かであるにもかかわらず，優秀な者からも学ぼうとはしない。全く間違っていることだ。

①　「迷惑」の意味は「道に迷う」，「どうしてよいかわからず，先が見えない」である。

②　「往く」は，行く，前進するの意味。「返る」は，もと来た方へ帰るの意味。

③　蟻は，冬は暖かい場所，夏は涼しい場所に巣をつくるということ。水温は一定だから，冬は温かく，夏は冷たいのである。

④　馬や蟻でさえも，先生とするのである。

⑤　管仲や隰朋との対比で，今の人々は愚かでありながら，優れた聖人を先生として，その知から

学ぼうとしないということ。

基本 ⑥ 「過」の訓には「あやま－つ・あやま－ち」がある。「間違い」ということ。「過失」は，不注意のために起こした失敗，間違い。イ・ウ・エの「過」は「すぎる」の意味。

やや難 ⑦ 「また過たざるや」は反語で，「間違わないだろうか，いや，間違う」ということ。

★ワンポイントアドバイス★

論説文は，筆者の考えや主張がどのような具体例を挙げて説明されているかを正確に読み取る。小説は，心情を表す行動，会話を手がかりに気持ちや場面を正確に読み取る。また，表現の意味や効果に注意しよう。古文は，先生と生徒の会話文を適切に読み取り，本文の内容をつかもう。

解答用紙集

○月×日　△曜日　天気（合格日和）

◆ご利用のみなさまへ

＊解答用紙の公表を行っていない学校につきましては、弊社の責任において、解答用紙を制作いたしました。

＊編集上の理由により一部縮小掲載した解答用紙がございます。

＊編集上の理由により一部実物と異なる形式の解答用紙がございます。

人間の最も偉大な力とは、その一番の弱点を克服したところから生まれてくるものである。――カール・ヒルティ――

東京学参株式会社

甲陵高等学校(前期)　2024年度

◇数学◇

※ 149%に拡大していただくと，解答欄は実物大になります。

問題番号		解答欄
1	問(1)	
	問(2)	
	問(3)	本A　日
		本B　日
	問(4)	$\angle x=$　度
		$\angle y=$　度
	問(5)	
2	問(1)	A(　,　)
	問(2)	AE：EM＝
		AE：EN＝
	問(3)	

問題番号		解答欄
3	問(1)	cm
	問(2)	cm
	問(3)	cm^2
4	問(1)	
	問(2)	
	問(3)	
5	問(1)	①　枚
		②　通り
	問(2)	通り
	問(3)	通り
	問(4)	通り

甲陵高等学校（前期）　2024年度　　◇英語◇

※ 145％に拡大していただくと，解答欄は実物大になります。

問題番号		解答欄
1	問1	(1)　(2)　(3)　(4)
	問2	(1)　(2)　(3)　問3　(1)　(2)　(3)
	問4	(1)　(2)
		(3)
2	問1	(1)　(2)　(3)　(4)
	問2	(1)　(2)
		(3)
	問3	(1)
		(2)　(3)
		(4)　(5)
	問4	(1) 3番目　5番目　(2) 3番目　5番目
		(3) 3番目　5番目
3	問1	(A)　(B)　(C)　問2　→　→　→
	問3	
4		(1)　(2)　(3)　(4)
5	問1	問2　②　⑤
	問3	問4　問5

◇国語◇

甲陵高等学校(前期)　２０２４年度

※１４５%に拡大していただくと、解答欄は実物大になります。

1

(1)	(2)
(3)	(4)
(5) んで	

2

(1)	(2)
(3)	(4)
(5)	

3

問一	問二 (2)	(6)	問三	問四
問五 X				
問五 Y				
問六	問七 生徒			

4

問一	問二	問三	問四
問五 I	II	問六	問七 生徒

5

問一	問二 X	Y
問三 X		
問三 Y		
問四 ①	～	
問四 ②		
問五	問六 生徒	

甲陵高等学校(前期)　2023年度

◇数学◇

※ 143%に拡大していただくと，解答欄は実物大になります。

問題番号		解答欄
1	問(1)	
	問(2)	
	問(3)	
	問(4)	$\angle x=$　　　　度
	問(5)	①　　　：
		②　　　：
2	問(1)	Aの食塩の量は
		Bの食塩の量は
	問(2)	$x=$
		$y=$
3	問(1)	
	問(2)	$b=$
	問(3)	$t=$
		$c=$
	問(4)	Eの x 座標は
		Fの x 座標は
		Gの x 座標は

問題番号			解答欄
4	〔1〕	問(1)	
		問(2)	
	〔2〕	問(1)	
		問(2)	
5	問(1)		AH＝
			PH＝
			AP＝
	問(2)		$x=$
	問(3)		
	問(4)		
6	問(1)		$a=$
			$b=$
	問(2)		通り

甲陵高等学校(前期)　2023年度　◇英語◇

※ 143％に拡大していただくと，解答欄は実物大になります。

問題番号	解答欄												
1	問1	(1)		(2)		(3)		(4)					
	問2	(1)		(2)		(3)		問3	(1)		(2)		(3)
	問4	(1)						(2)					
		(3)											
2	問1	(1)		(2)		(3)		(4)					
	問2	(1)						(2)					
		(3)				(4)							
	問3	(1)						(2)					
		(3)											
	問4	(1)	3番目			5番目		(2)	3番目		5番目		
		(3)	3番目			5番目							
3	問1		問2		問3	→	→	→					
	問4		問5										
4	問1	(1)		(2)		(3)		問2					
5	問1		問2		問3		問4	④		⑤			
	問5		問6										

◇国語◇

甲陵高等学校(前期)　２０２３年度

※ １４３%に拡大していただくと，解答欄は実物大になります。

1

(1)　(2) らか　(3)　(4)　(5) り

2

(1)　(2)　(3)　(4) って　(5)

3

問一　I　II　III

問二

問三

問四　①　② ii　iii　iv　③　④ v　10　vi　10

問五

4

問一　問二 I　II　問三　問四　問五　問六　問七 生徒　生徒

5

問一 (1)　(3)　問二

問三 I　II

問四 ① i　ii　iii　②　③

甲陵高等学校（前期）　2022年度

◇数学◇

※ 125％に拡大していただくと，解答欄は実物大になります。

問題番号			解　答　欄	
1	問（1）			
	問（2）			
	問（3）			
	問（4）		x ＝	
	問（5）		EH＝　cm	
			HC＝　cm	
2	［1］	回数	回	
		個数	A：　個	B：　個
			C：　個	
	［2］	問（1）	通り	
		問（2）	$a+b$ の値	
			確率	
		問（3）		

問題番号		解　答　欄
3	問（1）	a ＝
	問（2）	
	問（3）	C（　，　）
	問（4）	
4	問（1）	
	問（2）	cm^3
	問（3）	cm^2
	問（4）	cm^3
5	問（1）	a ＝　，b ＝
	問（2）	分

甲陵高等学校(前期)　2022年度　◇英語◇

※ 147%に拡大していただくと，解答欄は実物大になります。

問題番号	解答欄													
1	問1	(1)		(2)		(3)		問2	(1)		(2)		(3)	
	問3	(1)		(2)		(3)								
	問4	(1)		(2)										
		(3)												
2	問1	(1)		(2)		(3)		(4)		(5)				
	問2	(1)				(2)								
		(3)				(4)								
		(5)												
	問3	(1)	3番目		5番目		(2)	3番目		5番目				
		(3)	3番目		5番目		(4)	3番目		5番目				
3	問1	(A)		(B)		(C)		(D)						
	問2		問3	→	→	→								
4	問1	(A)		(B)		(C)		問2						
5	問1	(A)		(B)										
	問2	①		②		③		④						
	問3	→	→	→	→									

◇国語◇

甲陵高等学校(前期)　２０２２年度

※ １４７%に拡大していただくと、解答欄は実物大になります。

1

(1) ちに	(2)
(3) った	(4)
(5)	

2

(1)	(2)
(3)	(4)
(5) い	

3

問一	A		B		問二		問三
問四	あるいは						
	25				わけですが、		
問五		問六	(i)		(ii)		問七

4

問一	(i)	①		②		(ii)		
問二		問三	①		②		③	問四
問五	①				5			
	②						20	
問六		問七		問八				

5

①		②		③		④		⑤		⑥		⑦	

MEMO

大切なことはメモしておこうネ！

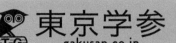

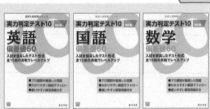

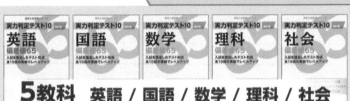

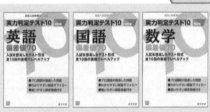

~公立高校志望の皆様に愛されるロングセラーシリーズ~

公立高校入試シリーズ

・全国の都道府県公立高校入試問題から良問を厳選
※実力錬成編には独自問題も!
・見やすい紙面、わかりやすい解説

数学

合格のために必要な点数をゲット

目標得点別・公立入試の数学 基礎編

- 効率的に対策できる! 30・50・70点の目標得点別の章立て
- web解説には豊富な例題167問!
- 実力確認用の総まとめテストつき

定価:1,210円(本体1,100円+税10%)/ISBN:978-4-8141-2558-6

応用問題の頻出パターンをつかんで80点の壁を破る!

実戦問題演習・公立入試の数学 実力錬成編

- 応用問題の頻出パターンを網羅
- 難問にはweb解説で追加解説を掲載
- 実力確認用の総まとめテストつき

定価:1,540円(本体1,400円+税10%)/ISBN:978-4-8141-2560-9

英語

「なんとなく」ではなく確実に長文読解・英作文が解ける

実戦問題演習・公立入試の英語 基礎編

- 解き方がわかる! 問題内にヒント入り
- ステップアップ式で確かな実力がつく

定価:1,100円(本体1,000円+税10%)/ISBN:978-4-8141-2123-6

公立難関・上位校合格のためのゆるがぬ実戦力を身につける

実戦問題演習・公立入試の英語 実力錬成編

- 総合読解・英作文問題へのアプローチ手法がつかめる
- 文法、構文、表現を一つひとつ詳しく解説

定価:1,320円(本体1,200円+税10%)/ISBN:978-4-8141-2169-4

理科

短期間で弱点補強・総仕上げ

実戦問題演習・公立入試の理科

- 解き方のコツがつかめる! 豊富なヒント入り
- 基礎~思考・表現を問う問題まで重要項目を網羅

定価:1,045円(本体950円+税10%)
ISBN:978-4-8141-0454-3

社会

弱点補強・総合力で社会が武器になる

実戦問題演習・公立入試の社会

- 基礎から学び弱点を克服! 豊富なヒント入り
- 分野別総合・分野複合の融合などあらゆる問題形式を網羅
※時事用語集を弊社HPで無料配信

定価:1,045円(本体950円+税10%)
ISBN:978-4-8141-0455-0

国語

最後まで解ききれる力をつける

形式別演習・公立入試の国語

- 解き方がわかる! 問題内にヒント入り
- 基礎~標準レベルの問題で確かな基礎力を築く
- 実力確認用の総合テストつき

定価:1,045円(本体950円+税10%)
ISBN:978-4-8141-0453-6

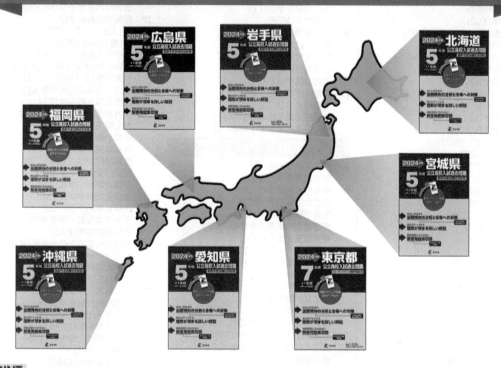

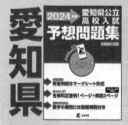

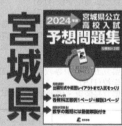

東京学参の

高校別入試過去問題シリーズ

＊出版校は一部変更することがあります。一覧にない学校はお問い合わせください。

東京ラインナップ

あ 愛国高校(A59)
青山学院高等部(A16)★
桜美林高校(A37)
お茶の水女子大附属高校(A04)
か 開成高校(A05)★
共立女子第二高校(A40)★
慶應義塾女子高校(A13)
啓明学園高校(A68)★
国学院高校(A30)
国学院大久我山高校(A31)
国際基督教大高校(A06)
小平錦城高校(A61)★
駒澤大高校(A32)
さ 芝浦工業大附属高校(A35)
修徳高校(A52)
城北高校(A21)
専修大附属高校(A28)
創価高校(A66)★
た 拓殖大第一高校(A53)
立川女子高校(A41)
玉川学園高等部(A56)
中央大高校(A19)
中央大杉並高校(A18)★
中央大附属高校(A17)
筑波大附属高校(A01)
筑波大附属駒場高校(A02)
帝京大高校(A60)
東海大菅生高校(A42)
東京学芸大附属高校(A03)
東京農業大第一高校(A39)
桐朋高校(A15)
都立青山高校(A73)★
都立国立高校(A76)★
都立国際高校(A80)★
都立国分寺高校(A78)★
都立新宿高校(A77)★
都立墨田川高校(A81)★
都立立川高校(A75)★
都立戸山高校(A72)★
都立西高校(A71)★
都立八王子東高校(A74)★
都立日比谷高校(A70)★
な 日本大櫻丘高校(A25)
日本大第一高校(A50)
日本大第三高校(A48)
日本大第二高校(A27)
日本大鶴ヶ丘高校(A26)
日本大豊山高校(A23)
は 八王子学園八王子高校(A64)
法政大高校(A29)
ま 明治学院高校(A38)
明治学院東村山高校(A49)
明治大付属中野高校(A33)
明治大付属八王子高校(A67)
明治大付属明治高校(A34)★
明法高校(A63)
わ 早稲田実業学校高等部(A09)
早稲田大高等学院(A07)

神奈川ラインナップ

あ 麻布大附属高校(B04)
アレセイア湘南高校(B24)
か 慶應義塾高校(A11)
神奈川県公立高校特色検査(B00)
さ 相洋高校(B18)
た 立花学園高校(B23)
桐蔭学園高校(B01)
東海大付属相模高校(B03)★
桐光学園高校(B11)
な 日本大高校(B06)
日本大藤沢高校(B07)
は 平塚学園高校(B22)
藤沢翔陵高校(B08)
法政大国際高校(B17)
法政大第二高校(B02)★
や 山手学院高校(B09)
横須賀学院高校(B20)
横浜商科大高校(B05)
横浜市立横浜サイエンスフロンティア高校(B70)
横浜翠陵高校(B14)
横浜清風高校(B10)
横浜創英高校(B21)
横浜隼人高校(B16)
横浜富士見丘学園高校(B25)

千葉ラインナップ

あ 愛国学園大附属四街道高校(C26)
我孫子二階堂高校(C17)
市川高校(C01)★
か 敬愛学園高校(C15)
さ 芝浦工業大柏高校(C09)
渋谷教育学園幕張高校(C16)★
翔凜高校(C34)
昭和学院秀英高校(C23)
専修大松戸高校(C02)
た 千葉英和高校(C18)
千葉敬愛高校(C05)
千葉経済大附属高校(C27)
千葉日本大第一高校(C06)★
千葉明徳高校(C20)
千葉黎明高校(C24)
東海大付属浦安高校(C03)
東京学館高校(C14)
東京学館浦安高校(C31)
な 日本体育大柏高校(C30)
日本大習志野高校(C07)
は 日出学園高校(C08)
や 八千代松陰高校(C12)
ら 流通経済大付属柏高校(C19)★

埼玉ラインナップ

あ 浦和学院高校(D21)
大妻嵐山高校(D04)★
か 開智高校(D08)
開智未来高校(D13)★
春日部共栄高校(D07)
川越東高校(D12)
慶應義塾志木高校(A12)
さ 埼玉栄高校(D09)
栄東高校(D14)
狭山ヶ丘高校(D24)
昌平高校(D23)
西武学園文理高校(D10)
西武台高校(D06)

都道府県別
公立高校入試過去問
シリーズ

- 全国47都道府県別に出版
- 最近数年間の検査問題収録
- リスニングテスト音声対応

た 東京農業大第三高校(D18)
は 武南高校(D05)
本庄東高校(D20)
や 山村国際高校(D19)
ら 立教新座高校(A14)
わ 早稲田大本庄高等学院(A10)

北関東・甲信越ラインナップ

あ 愛国学園大附属龍ヶ崎高校(E07)
宇都宮短大附属高校(E24)
か 鹿島学園高校(E08)
霞ヶ浦高校(E03)
共愛学園高校(E31)
甲陵高校(E43)
国立高等専門学校(A00)
さ 作新学院高校
(トップ英進・英進部)(E21)
(情報科学・総合進学部)(E22)
常総学院高校(E04)
た 中越高校(R03)＊
土浦日本大高校(E01)
東洋大附属牛久高校(E02)
な 新潟青陵高校(R02)
新潟明訓高校(R04)
日本文理高校(R01)
は 白鷗大足利高校(E25)
ま 前橋育英高校(E32)
や 山梨学院高校(E41)

中京圏ラインナップ

あ 愛知高校(F02)
愛知啓成高校(F09)
愛知工業大名電高校(F06)
愛知みずほ大瑞穂高校(F25)
暁高校(３年制)(F50)
鶯谷高校(F60)
栄徳高校(F29)
桜花学園高校(F14)
岡崎城西高校(F34)
か 岐阜聖徳学園高校(F62)
岐阜東高校(F61)
享栄高校(F18)
さ 桜丘高校(F36)
至学館高校(F19)
椙山女学園高校(F10)
鈴鹿高校(F53)
星城高校(F27)★
誠信高校(F33)
清林館高校(F16)★
た 大成高校(F28)
大同大大同高校(F30)
高田高校(F51)
滝高校(F03)★
中京高校(F63)
中京大附属中京高校(F11)★

公立高校入試対策
問題集シリーズ

- 目標得点別・公立入試の数学(基礎編)
- 実戦問題演習・公立入試の数学(実力錬成編)
- 実戦問題演習・公立入試の英語(基礎編・実力錬成編)
- 形式別演習・公立入試の国語
- 実戦問題演習・公立入試の理科
- 実戦問題演習・公立入試の社会

中部大春日丘高校(F26)★
中部大第一高校(F32)
津田学園高校(F54)
東海高校(F04)★
東海学園高校(F20)
東邦高校(F12)
同朋高校(F22)
豊田大谷高校(F35)
な 名古屋高校(F13)
名古屋大谷高校(F23)
名古屋経済大市邨高校(F08)
名古屋経済大高蔵高校(F05)
名古屋女子大高校(F24)
名古屋たちばな高校(F21)
日本福祉大付属高校(F17)
人間環境大附属岡崎高校(F37)
は 光ヶ丘女子高校(F38)
誉高校(F31)
ま 三重高校(F52)
名城大附属高校(F15)

宮城ラインナップ

さ 尚絅学院高校(G02)
聖ウルスラ学院英智高校(G01)★
聖和学園高校(G05)
仙台育英学園高校(G04)
仙台城南高校(G06)
仙台白百合学園高校(G12)
た 東北学院高校(G03)★
東北学院榴ヶ岡高校(G08)
東北高校(G11)
東北生活文化大高校(G10)
常盤木学園高校(G07)
は 古川学園高校(G13)
ま 宮城学院高校(G09)★

北海道ラインナップ

さ 札幌光星高校(H06)
札幌静修高校(H09)
札幌第一高校(H01)
札幌北斗高校(H04)
札幌龍谷学園高校(H08)
は 北海高校(H03)
北海学園札幌高校(H07)
北海道科学大高校(H05)
ら 立命館慶祥高校(H02)

★はリスニング音声データのダウンロード付き。

高校入試特訓問題集
シリーズ

- 英語長文難関攻略33選(改訂版)
- 英語長文テーマ別難関攻略30選
- 英文法難関攻略20選
- 英語難関徹底攻略33選
- 古文完全攻略63選(改訂版)
- 国語融合問題完全攻略30選
- 国語長文難関徹底攻略30選
- 国語知識問題完全攻略13選
- 数学の図形と関数・グラフの融合問題完全攻略272選
- 数学難関徹底攻略700選
- 数学の難問80選
- 数学　思考力―規則性とデータの分析と活用―

〈ダウンロードコンテンツについて〉

本問題集のダウンロードコンテンツ、弊社ホームページで配信しております。現在ご利用いただけるのは「2025年度受験用」に対応したもので、**2025年3月末日**までダウンロード可能です。弊社ホームページにアクセスの上、ご利用ください。

※配信期間が終了いたしますと、ご利用いただけませんのでご了承ください。

高校別入試過去問題シリーズ

甲陵高等学校　2025年度

ISBN978-4-8141-3035-1

[発行所] 東京学参株式会社

〒153-0043　東京都目黒区東山2-6-4

書籍の内容についてのお問い合わせは右のQRコードから　⇒

※書籍の内容についてのお電話でのお問い合わせ、本書の内容を超えたご質問には対応できませんのでご了承ください。

2024年5月30日　初版